學習,動起來 3
Learning, move on!

學習共同體——台灣初體驗

策劃—《親子天下》編輯部
作者—沈盛圳、林文生、林秋蕙、柯華葳
陳欣儀、陳麗華、潘慧玲、簡菲莉
（依姓氏筆劃排序）

目錄

PART two

撼動──佐藤學來台觀課實錄

他總是右手拿相機，左手拿著錄影機和腳架，鏡頭永遠對準學生。雖然佐藤學已經走過一萬間教室，但還是不停下腳步，一步一腳印的在每一間教室裡專注的看著學生……二〇一二年九月，佐藤學應《親子天下》之邀來台演講，並實際赴台北市國語實小觀課，提出對台灣教室風景的觀察，並無私傳承他的拿手絕活。

PART three

行動——台灣實踐

這場快速延燒的台灣版「學習共同體」重燃老師的教學熱情，更特別的在於從下而上，從地方到中央。教育的改變和改革的方式當然不是只有一種，「學習共同體」也不會是唯一的標準答案；核心在於喚醒老師們熱忱想要改變的心。

【推薦序】

為什麼改變

柯華葳—國家教育研究院院長

何琦瑜總編輯在本書的企劃緣起問，教育現場到底要做哪些改變？我問，為什麼要改變？只因教學現場的動靜與三十年前雷同，因此需要改變？總編輯說，小孩未來的工作，六成現在都還未發明，大家要問，基礎教育到底要教什麼，才能幫助下一代不斷提升，有自我實現的能力。我將這一句改寫為，雖不知道未來的變化，我們仍要做好孩子的基礎，使能自學以因應未來。接著，我問，如果現在的教學能達成上述目的（自學、因應未來），是否可以維持現狀（做好基礎）不要改變？

現狀如何？誠實的說，由世界看台灣的國民教育，是有讓人羡慕之處。

許多個人或是團隊學生，不論是學術類或是技能類，在世界各地競賽拿各種獎牌。而以抽樣代表全台灣學生的國際評比，也看出學生的數學、科學、閱讀表現在中上或是上上的榜單上。單看成績，台灣中小學生是台灣之光。不過成績單背後有不可忽視的事實，例如，台灣學生學習的興趣和信心不高。沒有學習興趣和自信，如何自學？又如解釋台灣學生成就最主要的一個因素是家長社經地位時，這對國民教育來說是當頭棒喝。國民教育是政府透過學校制度為全民鋪設均質與均優的環境，讓每一位學生可以從容的展開自己，認識自己，充實自己。若家庭在國民教育裡扮演的角色大於學校，我們要問，當家裡條件不足時，學校能否充分補上？讓家裡條件不足的孩子在學校裡沒有成就感是國民教育的虧欠。

說起來，均優均質教育，本應如此，但操作上不容易。在只要求學業成績的競爭氛圍下，老師單向傳播知識，學生接受，所有時間不斷練習，學習興趣無置喙餘地，學習弱勢沒有討論空間。老師知道問題所在，卻已在反覆操作中疲憊與無力。然而，面對人口漸少、漸老化，加上網路與全球化以及人口流動，個體間，不論是文化、知識、興趣、價值觀差異愈來愈大，這是新世紀的特色。面對差異沒有辦法採用一套標準作業流程，要的是，接納與回應，回應不同學生的需求。這絕對是教師的專業。

這對老師要求太過了吧？當教室是堡壘，學校是孤島，這樣的要求是強師所難。但當一個學校的學生由社區一起來關心，可能就比較容易。這是學習共同體的理念之一。共同體指全校、全班、師生、校長老師和學生、家長和社區一起支持教育。以我觀課的日本教室為例。當老師公開教學後，學校裡觀課的老師一起研議，分享自己觀課時學到什麼，以及所觀察某位學生的學習狀況。老師們似乎各有認養的對象，會針對一位學生，表達：「我要看某生，但是他沒有來，」或「女生幫助他，結果某生表現更好。」有其他老師幫著盯著，班級老師就不會擔心漏掉某一位學生，這是共同體。再以佐藤教授為例。研議時，佐藤教授說，某某老師過去教三年級學生，聲音愈來愈沙啞，今天看到他盡全力關懷每一位學生，這表示佐藤教授認識這位老師，看到他的改變，鼓勵她。這是共同體。

人人皆可透過互動來自學

共同體冠以學習，說明共同體的目標是學習，人人為生，人人為師，教與學一體兩面，基本信念是人人透過互動可以自學。孩子小時，大人常驚訝的問，他怎麼學到的。長大，孩子常被嫌，怎麼都不會。其實孩子還是同一位孩子，小時候未刻意被教，他學到許多事，他還是可以繼續自學。當然，學校或許會說，課程的東西和生活東西不一樣，課程需要老師的專業教導。但是，課程需要和生活銜接，學生找到之間的關係，課程才變的有意義。以語文課為例，語文本質是為溝通，失去互動，語文失味。閱讀是讀者與作者、自己及世界的互動。學習閱讀是在「共同」中增加與其他讀者，與文本和作者及過去經驗互動與銜接的機會。就如佐藤教授說，學習是相遇與對話，是學生與教師、教材、同伴以及自己對話。因此在學習過程中，「聽」顯得格外重要，聽而後學。老師若也是學習者，就不擔心不講授，學生學不到，反而是聽聽學生知道些什麼，欣賞學生學習的興趣和能力。

當面對教學，覺得所有方法用盡，學生還是不會；四週雖有同事，沒有人可以討論教學；早上醒來，大家都遲疑要不要去學校；當教育現況只能以精疲力竭來描述時，改變顯然是需要的。學習共同體是思考改變的開始。

【企劃緣起】

啟動教與學的革命

何琦瑜──《親子天下》執行長

二〇一二年，一場決定台灣未來的教育大改革正式啟動：十二年國教時代即將開始，整個社會再一次喧騰翻攪著關於基礎教育的討論。很可惜的是，多數的爭辯，仍然圍繞著「考試的題型」與「進入好學校的方法」。簡化來說，台灣社會普遍存在著兩種極端價值觀的衝突：一端是憂心忡忡的「精英主義派」，他們擔心：如果不考試學生怎麼會念書？如果沒有考試，學生怎麼管理？如果沒有考試，沒有辦法將學生分出層次，教師將無法因材施教，高中會陷落於平庸化，精英教育將會被消弭……

另一端是視考試為禁忌的「快樂學習」派，他們主張：只要有任何「類考試」形式的成績、比賽或競爭，都是該打擊、消滅，務必除之而後快的障礙。彷彿要達到「成就每一個孩子」的理想，必須在「沒有考試」的前提下，才有實現的可能。這兩股看似相反的力量，卻恰巧有著極大的共識，都是「以考試為中心」展開對教育的檢驗和思考。十七年前的教改，從這裡出發，卻在困局中迷了路。即將邁向十二年國教時代的今日，絕對不能再以此為起點。

拜託！問題是教學！

做為長期關注教育的媒體工作者，同時也是家有兩個國中小孩子的母親，我很明白家長和教師，乃至第一線教育工作者們的焦慮。所有人都急著處理眼前立即會發生的困難：不考試怎麼入學？超額比序是否公平？我的孩子要補什麼才能進入好學校？明星學校會不會被消滅……但整個社會耗用了太多的資源在爭辯無謂的假議題，卻令我更為憂心。

這個號稱極度關注教育的國度，卻鮮少人真正在意並了解學生們的「學習」歷程，鮮少人討論全世界更關注的教育趨勢：在這變化愈來愈快的全球化社會中，當 google 搜尋得到所有過去讓學生死背的資訊之際；當研究顯示，現在小孩們未來的工作，六成都還未發明之時，我們的基礎教育，到底應該教些什麼，才能幫助下一代得以擁有自我實現的人生？幫助整個國家擁有不斷提升、進步的潛能？

這是一個目前仍舊沒有標準答案的難題，但許多國家都在勇於探索、實驗、尋找適合自己的「最佳解」。面對十二年國教，除了「考試的科目」與「入學的方法」之外，我們更應該要問的是，基礎教育的第一現場：學校、教室、教師，到底應該要做哪些改變，才能幫助下一代，更有適應未來社會、實現自我的能力？走訪台灣的國中，那種與三十年前雷同，「不變應萬變」的教學現場：一位聲嘶力竭拿著麥克風從頭講到尾的老師，多數沉默被動的學生。不變的教室風景，早已無法因應新時代與新需求。根據《親子天下》的調查顯示，近六成的國中生沒有強烈的學習動機；近六成的學生，下課後鮮少有意願主動學習新知，包含看課外書、培養自己的興趣嗜好，都意興闌珊；三年的國中教育，並沒有幫助國中生裝備自己，成為更有自信、更熱愛學習的人；反而「愈學愈不滿意，愈學愈失去熱情」。學校教育，加速讓學生「從學習中逃走」。

《親子天下》的調查結果並不獨特。在多次TIMSS「國際數學與科學成就趨勢調查」中也發現，台灣十三歲國中生的數學與科學成績稱羨國際，通常都能拿到世界前三名，但是國中生的學習興趣與自信，卻超級低落。學習，是一種沒有樂趣的「勉強」。但，僅僅是拿掉基測與考試，學生的學習動機、熱情與意願，就會「恢復正常」了嗎？答案恐怕也是否定的。

考試之外，教師的新裝備

長期以來，「考試」，已經是台灣教師管理或刺激學生學習唯一且最重要的工具，如今斷然拿掉了考試，卻沒有提供教師新的裝備與能力。這種情況就好像是零體罰入法之後，教師傳統的管教工具——體罰被拿走，卻沒有建構新的輔導管理知能，教室必然會面對一場管教或學習的「真空期」，混亂和束手無策的無力感充斥。應該要更積極的，是去想像、準備，沒有了「考試領導教學」，或是「考試取代教學」的緊箍咒之後，新的教學風貌應該是如何呢？做為長期關注教育的媒體，《親子天下》因而規劃了連續三期的越洋採訪，試圖帶讀者走到世界，探索二十一世紀，新的學習樣貌：鄰近的日本，正在進行一場「學習共同體的革命」。

日本曾與台灣有著雷同的命運。二〇〇二年，日本政府實施「寬鬆教育」，減少三成的教科書內容、增加選修、降低必修課程分量，回應社會普遍對於「學生壓力太大」的呼求。但降低期待與內容的快樂學習，卻無法重建學生的學習動機、解救崩壞的學力。於此同時，東京大學教育學研究科教授佐藤學，開始推動「學習共同體」的革命，試圖從問題的核心：教與學的改造切入。他帶著老師和學校打開教室的大門，透過不斷的觀課、同儕學習，打造老師成為「少說多聽」的「學習專家」。學生從學習的「旁觀者」，透過專題式的教學設計與活動，成為課堂中活躍的「參與者」。這場寧靜革命成功改變了三千多所學校的風貌，許多面臨崩壞的公立學校，重新找回失落的學力，也改善了校園霸凌、少年犯罪等，因「學習的無效」衍生的問題。

二〇一二年成功辦完奧運的英國，更激烈的在全面導入中小學的自由化：鼓勵更多公辦民營學校，讓有領導能力的校長，得以擁有更多資源與自主權，「管理」更多學校。讓每個學校得以根據當地學生的需求，發展差異化的課程和教學，滿足不同家長和學生，更多元的教育選擇權。

另一方面，英國政府撥出十四億台幣的預算，將「創造力教育」導入中小學，把藝術家帶入校園，激發「多元的學習方式」，幫助偏鄉、弱勢的孩子，提升基礎教育的品質。

影片中，英國學校的教室樣貌、學習途徑如此多元，從「學習者」出發的學習環境與教學體驗，不是貴族學校的特權，而是更多使用在弱勢、邊陲、甚至是中輟生的學習上；移民英國的台灣女孩洪少芸的故事，在在提醒我們，除了「升學」之外，台灣基礎教育還有太多值得思考和規劃的重點。

二〇〇九年，上海在PISA國際學生能力評量中，獲得閱讀、數學、科學三項世界第一，驚動了歐美等先進國家，國際媒體不約而同的探索「上海模式」，想了解這個曾被認為落後的中國，如何在短時間內躍進教育。《親子天下》的採訪團隊，原本抱持著質疑的偏見，揣想這又是中國大陸極權政府民族主義的操作結果。但在探訪上海二次教改的變革中，我們卻著急的發現台灣的落後。上海PISA研究中心副主任陸璟，在影片中的專訪，緩緩的說，上海導入PISA，目的是希望上海的教育，能以「國際的座標」來衡量質量，借重比較成熟的、有公信力的國際測試，建立自己的教育監測系統；同時培養政府得以「基於證據做教育決策」的能力。陸璟的每一句話，都深深重擊台灣教育政策品質的脆弱。

上海導入國際標準，改造教科書與教學，培養學生整合性的思考能力。這一、兩年陸續有台灣的學者專家、校長老師往返上海考察，大概都有共同的觀察和指向：上海的課程改革，讓教室內的學習重點，大幅擺脫過往「滿堂灌」（填鴨）的陋習，課堂中透過長篇有意義的文本，導引師生間的討論與提問，多過於「將課文碎屍萬段的教導」。

從日本、英國到上海，另一個值得台灣警醒的共同行動，是關乎「教師的學習與專業精進」。

當台灣還在為「校長觀課是否合乎法源」、「校長觀課會傷害老師職業尊嚴」爭論不休，不敢有所決定之際，鄰近的「競爭者」上海，早就把觀課、評課，當成教師同儕學習必要的「裝備」。在中國也早有和日本合作，導入「學習共同體」的學校。不論先進國家如英國，鄰近已開發國家如日本，甚或被認為社會某些部分發展還不及台灣的中國上海，教師的精進與學習、教師團隊的建構、教師角色的轉型，都是教育改革最前鋒的關鍵重點。

沒有任何一種教育的改革，可以脫離「教室與課程的內涵」、不理會「教師的成長」，而獲致成功。我們很欣喜的看見，在《親子天下》雜誌連續報導日本、英國、上海的個案後，有遠見的教育政策領導人，已經開始採取作為，往這兩個關鍵鷹架挪動。台北市、新北市的教育局長，已經啟動中小學的「學習共同體」專案。台北市的特色招生考試，也試圖導引教學現場擺脫背多分的填鴨練習，培養學生更多獨立思考、判斷、邏輯推理的能力。除了雜誌報導之外，在此次越洋專訪中，《親子天下》也特別拍攝了教學和報導現場的影片。讀過平面報導的讀者們，看到影片可以更能身歷其境，感受國外學習現場的氣氛，看見更多「具體」的課堂操作歷程。

除了去年底出版英國和上海的影片專書外，這次特別推出「學習共同體——日本觀課現場全紀錄」的影片，希望提供給關心教育的讀者，更多元的視聽閱讀素材。特別希望釐清的是，報導這些其他國家的經驗分享，並不是為了要稱頌「外國的月亮比較圓」，也不是期待有人照單全收，有樣學樣。事實上，從影片或文章中，我們也可窺見每個國家都有自己的難題。但台灣的焦慮並不獨特，無法自外於世界的潮流和變化中。我們期待，這些國外的案例、故事或素材，能夠幫助整體社會對於教育的討論，跳脫當下本地本國的爭議，提供一些望向遠方的視野，激盪出對教育的「另一種想像」。

從各國的經驗中，我們或許可以初步斷定：這場學習革命，不應該期盼單一或少數教師的改變，就能扭轉劣勢。而是需要整個系統的翻身改造，更需要家長和整體社會價值觀的支撐。

《親子天下》希望，透過這些跨國的採訪和分享，陪伴讀者一起探索二十一世紀學習的意義與方法，找出台灣教育的新路。

Part one

觸動——來自「學習共同體」教室的迴響

二〇一二年四月，《親子天下》深入日本教改現場，見證日本教育大師佐藤學如何以「學習共同體」理念，徹底改變日本學生「從學習中逃走」之痛。日本的教改經驗，撞上台灣的校長和老師面對十二年國教找尋出路的徬徨，在台灣的教育現場引發了意想不到的迴盪。

改革，從桌子轉九十度開始

文—陳雅慧

一百四十八位台北市國高中校長奮力搬動桌椅，他們排出的ㄇ字型座位宣告了改變浪潮的啟動。二〇一二年，台北市、新北市九月開學後有至少三十五所國中小推動「學習共同體」，這麼多學校群起改變，他們將帶孩子走向什麼樣的未來？

日頭炎炎的暑假，校園裡少了學生變得安靜空曠。但就在開學前，一場快速蔓延的學習革命，緊鑼密鼓在全台灣寧靜的校園中展開。革命的起點和核心是校長和老師，八月底開學後，改變的力量更將往外開展，許多台北市和新北市的國中、小學教室裡，可能會有完全不同的學習風貌誕生，這對學生會有什

（黃建賓攝）

2012年，台北市教育局在暑假期間，把國中五大領域的召集老師聚集，舉辦三天密集的工作坊，為教學的創新和改變蓄積能量。

麼影響，值得觀察。

在《親子天下》十二年國教國中老師調查中，台北市和新北市的國中老師針對十二年國教，已經在課程和教學上採取改變行動的比率全國最高，是走得最快的一群。讓人不意外的，這一次學習革命在台灣啟動，也從這兩個城市開始。

十二年國教上路、取消基測後，整個舊的升

學體制鬆綁，緩緩的在校園中注入了改變動力。台北市和新北市率先行動帶領下，二〇一二年將是台灣「學習共同體」革命的行動元年。

「學習共同體」由日本東京大學榮譽教授佐藤學提出，在日本已有超過十分之一的國中、小學正在推動。二〇一二年四月，《親子天下》首度深入日本越洋報導，並出版佐藤學《學習的革命》一書。日本教改經驗撞上台灣的校長和老師面對十二年國教，找尋出路的徬徨。報導刊出不到四個月，在台灣的教育現場引起意想不到的迴盪。

從現在起，我們是「學習共同體」

一場台北市的校長會議上，「十二年國教與學習共同體論壇」一結束，坐在第一排，穿著白襯衫花裙子的教育局局長丁亞雯立刻自己站起來搬桌子，現場一百四十八位國高中校長跟著搬動，擺出剛剛在論壇報告人簡報照片中，所分享的日本學校教室現場的ㄇ字型桌椅排列。丁亞雯沒有用麥克風指示，但她的動作宣示：「從現在起，我們就是『學習共同體』。」台北市開學後，共有五所國小和五所國高中，成為台北市「學習共同體」的前導校，而這些學校的校長也幾乎都是第一批訪問日本的成員，雖然這十所學校開始啟動的時間和進度各自不同。

新北市則在暑假舉辦四場《學習的革命》校長讀書會。七十位國中小校長參加，大約佔新北市國中、小學四分之一的比例。八月二十日第四次的讀書會現場，七十位校長們也把桌子從排排坐面對講台，轉為每六個一組彼此面對面討論「怎麼開始在學校推動『學習共同體』？」、「老師可以怎麼教？」、「老師不願意，校長可以怎麼說服？」。

新北市希望在九月底前，號召二十五所國中、小學校長主動報名，加入新北市「學習共同體」的前導校。只要校長有決心，能號召五位以上的老師，就可以申請，新北市教育局每校補助十萬元。

這個暑假，學習革命從校長的研習出發，一張桌子轉向，背後是一個新觀念的啟動。

從傳統教室排排坐方式，桌子角度轉了九十度，代表的卻是教室現場權力關係的改變。學生從仰望台上知識的權威老師，轉為面對一起學習的同學。過去教室裡的主角是老師，現在是學生，老師從教的專家，必須成為引導學習的專家。

讓校長和老師激動不已的旅程

這一場寧靜的革命是怎麼發生的？二〇一二年四月《親子天下》的封面故事「十二年國教新挑戰 為什麼孩子從學習中逃走」介紹佐藤學教授在日本掀起的一萬間教室的寧靜革命。

台北市教育局局長丁亞雯看完報導深受感動，將《親子天下》「為什麼孩子從學習中逃走」文章轉載在台北市《教師天地》。該篇報導引起校長和老

（黃建賓攝）

（黃建賓攝）

過去教室裡的主角是老師，現在是學生，老師從教的專家，必須成為引導學習的專家。

師迴響，促成台北市校長們跟隨淡江大學教育政策研究所教授潘慧玲、師範大學教育系副教授陳佩英和台北教育大學教育學院院長陳麗華六月到日本參訪。在日本，實際見證數百人觀課的寧靜與專注和老師教學的熱情與能量，每天晚上，台北參訪團的教授和校長開會討論的心情都非常激動。台北市教育局副局長馮清皇在日本旅程中就寫電子郵件給太太爭取支持：「決定暫時不退休了！因為看到日本能做到學習共同體革命，也想要在台灣協助推動。」

新興國中校長謝勝隆親眼看到已經六十歲的佐藤學教授，一間一間教室的苦行腳步印象深刻。「他右手拿相機，左手拿著錄影機和腳架，鏡頭永遠對準學生。雖然他已經走過一萬間教室，但還是不停下腳步，一步一腳印的在每一間教室裡專注的看著學生……」。

變革之火從下而上燃燒

這一次「學習共同體」革命在台灣的啟動，最特別的在於不是從上而下、從中央到地方的指揮。而是反過來，從下而上、從地方到中央。

八月十四日的全國教育局處長會議上，新北市教育局局長林騰蛟專案報告時，提到新北市推動「學習共同體」計畫。接著新竹縣教育處處長王承先報告中，再度引用佐藤學的理論。教育部部長蔣偉寧現場好奇的詢問，請丁亞雯簡介台北市參訪日本的心得。「我稍微念過他（佐藤學）的書。如果各縣市政府有好的想法要推動，有好的案子可以做為典範，教育部的統籌經費可以拿出來，把計畫做得大一點，」蔣偉寧回應教育局處長。

嘉義市也在同年九月帶十位校長到日本取經。桃園縣則是在六月就已經參訪回台。這些前仆後繼的訪問團代表著一股找尋出路的力量。

十二年國教即將上路，台灣的國中教學面對著考試制約的學習即將被鬆綁。學校現場瀰漫著改變的氣氛，這股力量順勢引導，有可能成為改變的正向能量。

「過去很難想像，在我們這樣升學導向的學校，去年起，居然有近五十位老師主動加入教師專業發展評鑑計畫。老師們想改變，不希望只是單打獨鬥，開始願意把教室的門打開讓大家看，」陳玉芬從八月一日起，以候用校長之姿接起新北市的明星大校——永和國中。永和國中二〇一二年的基測，依舊拿下耀眼成績，ＰＲ九九以上的學生五十七人，居新北市之冠。

陳玉芬過去在永和國中擔任教務主任，她觀察，以前在永和國中，老師要回應的主要壓力，是來自家長對於學業成績的期待，但是老師們也看到即將發生的新現實：「九月開學後，七、八年級的學生都是未來不採計在校成績，也沒有基測的十二年國教一代。也就是全校三分之二的學生的升學門檻改變，教學一定得變，這讓老師願意動起來。」

從日、韓經驗學到四個啟示

不只在競爭激烈的基北區，看到十二年國教引發教育現場的革新，彰化縣教育處督學林茂興觀察，國中小老師現在都很積極要加入教師專業發展評鑑，希望有進步和改變的機會。彰化縣教育處辦理的特色學校認證，國中還比國小積極。

彰化市著名的升學指標明星陽明國中，二〇一二年新生比起畢業班少十一班，一個年級從三十六班減到二十五班。林茂興分析，主要原因是跨區就讀學生大幅減少：「學生寧願留在小校，搶獎狀也容易。」

彰化縣陽明國中八年級的導師中，有王雅玲、張錦慧、楊迎廈三位老師主動跳出來，幫學生規劃多元體驗的暑期輔導活動。他們邀請多種職業達人分享生涯經驗，讓學生知道多采多姿才是人生真正的樣貌。王雅玲說：「十二年國教時代，在家長的頭腦轉過來前，提供孩子們安全的探索環境，是學校可以有的一點點功能。」

「老師們其實都感受到改變的壓力，也很清楚與其過一、兩年後，被迫改變，不如走在前面，」陳玉芬說出老師們的心聲。

「學習共同體」行動元年從下而上的發動，代表一股改變的力量在找出路。但是，「學習共同體」在日本已經走了三十年，累積一千所學校失敗的經驗。在韓國從二〇〇一年開始推動，直到二〇〇九年才有第一所成功的學校。歸納日、韓的失敗經驗，有幾個重要的啟示：

第一，要說服老師打開教室大門，給老師勇氣，讓老師有改變動力。讓老師知道「學習共同體」不是評價老師，而是互相形成支持網絡。所以一個學校只有一位老師想改變，是不會成功的。

第二，必須是從教室出發的改革，若是由上而下的強制指定，在不了解教室現況和孩子狀況下不會成功。

第三，領導者校長必須有強烈的決心，認同「學習共同體」的願景和老師溝通。

第四，只要有一所學校成功就有機會。

教育改變和改革的方式當然不是只有一種，「學習共同體」也不會是唯一的標準答案。核心不在喚醒和擦亮老師們教學方式創新的靈感，而是那一顆熱忱的初心。（本文原載於《親子天下》第三八期頁一〇六～一一一）

取經日本1

來一場靜水流深的革命！

文—賓靜蓀

《親子天下》副總編輯賓靜蓀二〇一二年二月赴日本越洋採訪「學習共同體」學校改革現場。回到台灣寫出了《親子天下》四月份封面故事「為什麼孩子從學習中逃走」。文章刊出後，感動許多台灣老師和教育政策的負責人。本文為她和讀者分享眼中的佐藤學和日本的學習革命經驗。

第一次在《親子天下》雜誌上，看到日本佐藤學教授的博士班學生黃郁倫對日本「學習共同體」的介紹時，我其實是半信半疑的。「真有這麼好的教改成果？還從日本擴散到中、韓、新加坡等其他亞洲國家。為什麼在台灣的我們都不知道？」

直到和《親子天下》總編輯何琦瑜，在高雄中山大學採訪了「學習共同體」的催生者和「教父」——東京大學榮譽教授佐藤學，我才真正明白，這場千真萬確已經進行幾十年的日本教育寧靜革命，背後有怎樣強大的理念和自主性。

驚覺教育問題的根本

將近兩個小時的訪談中，我有豁然開朗的感覺。原來，因「重視考試升學」產生的教育問題，是東亞國家的共同問題，必須放進「壓縮的現代化」這個共通的歷史脈絡中解釋。原來，真正的教育應具備公共性，學校開放給所有人；還要有民主性，每位師生都是學校的主人；最後則是追求卓越性，每個孩子都有權利追求最好的教育內容和資源。原來，我身為記者和母親，對教育的一些堅持，是有理論基礎的。

（黃建實攝）

而這些聽來很「理想」的主張，在「學習共同體」的學校中已是每天的實踐。

台灣的教育現場和日本有那麼多相似性，「學習共同體」有沒有可能也在台灣實踐呢？我們立刻提出赴日採訪的請求，並在高雄就和佐藤老師敲定了訪日的時

佐藤學投入這場寧靜革命的堅定持續，對教育和每個孩子的熱愛和人道關懷，感召許許多多直接、間接認識他的老師、校長。

間。

二〇一二年二月，剛過完年，我立刻飛到日本進行五天的採訪。除了親身體驗「學習共同體」的震撼外，我也深深被佐藤老師感動。

他投入這場寧靜革命的堅定持續，對教育和每個孩子的熱愛和人道關懷，信手拈來文史哲學藝術的博學多聞，以及每週分出兩個整天去參訪學校、幾十年不變的長期行動，好像形成了一個光環，感召許許多多直接、間接認識他的老師、校長。

佐藤老師還有一個出神入化的功力，有時行程太滿，他在研討會上累得打盹，但一輪到他講話，又能立刻接上話題，而且切中要領。在行禮如儀的日本社會，我感覺，老師、校長們對佐藤老師的尊敬和信任，都是發自內心的。

只要一所學校成功就有希望

這樣一位大師級的教育學者卻平易近人，很照顧研究生。來自台灣的博士生黃郁倫記得，三一一日本海嘯日，佐藤老師還發電郵給所有的學生，提醒注意安全。我有幸旁聽了他自東京大學教育學研究科退休前最後第二堂課，念茲在茲的都是教育的本質，以及「學習共同體」的後續。

難怪，他的研究生都願意成為「學習共同體」的推手。他們代替分身乏術的佐藤老師出席日本各地前導校的公開研習日，用錄影機記錄一切上課、孩子的學習細節，帶回去成為老師上課討論的題材和內容。更有許多來自亞洲其他國家的研究生，回到自己的國家後也開始推動「學習共同體」，他們學習佐藤老師的精神，「儘管失敗一百次、一千次，只要有一所學校成功，就有希望！」

我很高興看到台灣也掀起一陣「學習共同體」研究、實踐的熱潮。去日本參訪過的老師、校長們也獲得和我一樣的震撼及感動。真心期待，這次的改革不會像過去的教改一樣，最後變成捲起千堆雪的浪頭，破了碎了。而是承續了佐藤老師的精神，像一波波靜靜的、不斷向前的水流。（本文原載於《親子天下》第三八期頁一一八～一一九）

取經日本2

日本比我們做得好的六件事

文—陳麗華

現任台北市立教育大學教育學院院長陳麗華，二〇一二年六月和台北市國小校長參訪日本「學習共同體」學校。現在也擔任台北市小學的「學習共同體」計畫顧問。一年半內已經參訪過八所日本中小學，其中六所是「學習共同體」學校。她深入的觀察，分析了台灣可以跟日本學習的六大重點。

一、觀課重點不是老師如何「教」，而是學生怎麼「學」

回想我自己三十多年前師大畢業擔任實習老師，和不久前被「推選」為本系系所評鑑時被觀課的對象時，那種內心的恐懼。當老師為什麼這麼怕被人「看」教學？當老師又怎麼能怕被別人「看」教學！

因為這些教學都帶有示範性質。教的人希望完美無缺，看的人以評鑑眼光，若以辦完一場完美的教學觀摩會為考量，學校教學核心——「學生學習」就被遠拋在外。因為縱使老師嫻熟教學技巧和策略，仍不能確保學生學習的品質與結果。

二、改革不能只靠種子老師，要全員投入

在台灣推動改革常常都會從培訓種子教師著手，希望透過種子再去感召其他教師投入。但佐藤學的邏輯是，推動就要全員投入，如果一所學校分班級實施，教師就會分兩派。實施派會有優越感，非實施派就心存觀望，甚至幸災樂禍，學校會分裂，無法建立專業的合議制。

三、靜謐聆聽的教室才可能發生學習

參訪「學習共同體」班級，都會驚訝於教室的專注寧靜的氛圍。走進這麼多教室，我不曾聽到一位老師開口要求學生「安靜」，老師更不用大

日本的課堂上，老師一面上課與提問，一面將教室內的問答與對話歸類整理，
以工整的板書提綱挈領的書寫在黑板上。

（黃建賓攝）

喊管秩序。

佐藤學在研習會時提及，老師講一句有用的話勝過十句廢話。教師說話要簡約，多說一句就是多餘。他又說老師的聲音表情會影響學生的思考。老師說話切忌高亢激昂。在不穩重、不清靜的教室裡面，師生都不可能聆聽別人的聲音，能聆聽才表示參與其中，這是「學習共同體」的基礎。老師教學時首要任務就是細心照顧每一位學生，將孩子的意見做有意義的串連，甚至編織成多層次的概念織物，然後提出有挑戰性的問題，讓學生有「伸展跳躍」的學習機會。

四、打破分組競爭的迷思

「學習共同體」分組採取隨機抽籤、男女混合方式分組，且每隔二到三個月就會變換分組，增進全班同學形成同儕情誼。它不做組間、組內的競合與賽局，基本假設是每一個人都可以跟任何人協同學習，即使特殊生亦然。不會指派強者教弱者，也不會刻意要弱者學強者，鼓勵成員不分強弱互相扶持，互相學習。

五、老師不靠教科書

日本中、小學教室課堂還有一個美麗風景。很少看到課堂裡，老師或學生在翻看教科書。老師嫻熟教材內容，大多有自己獨門整理出的補充教材或作業單，以協助學生學習。老師一面上課與提問，一面將教室內的問答與對話歸類整理，以工整的板書提綱挈領的書寫在黑板上。黑板多為兩面，可輪替升降並用。一堂課下來黑板上工整條理的板書，令人激賞。

學生每一學科都有筆記本，隨著上課的節奏和老師的板書，學生勤於做筆記。原以為學生的筆記八成是拷貝自黑板上的組織與內容，但是幾次行走行間，觀看學生的筆記，常有令人驚豔的筆記出現。這些筆記並未直接抄寫和複製自黑板上的內容，而是有自己的組織、重點甚至圖解；有些學生善用螢光筆，圈勾提點，非常清晰有系統。

現在台灣小學課堂裡，偶見老師整節課操作廠商製作的教用版電子教科書。課堂上充斥著聲光與視覺等多媒體數位內容，對於要教的概念幾乎不整理、不歸納、不統整、不連結，也不板書。整堂課讓數位教材牽引著教學節奏和內容，時而陷入數位教材層層超連結的迷宮裡。老師成為數位教材的操作員，喪失了扎實的教學基本功夫。

六、素樸的校園之美

日本中、小學的校門、校舍與校園環境大多保持素樸風格。學校主任說，經費預算有限，且逐年在減少，所以優先把經費運用在支援教學等必要用途上。

今日台灣的學校裡則是學校願景、學生圖像、辦學理念與價值、主流教育風潮等，隨處可見。推動多元創新教學以來，基於多鼓勵原則，學生的作品由教室內的學生園地，一路滿滿的陳列到教室外的女兒牆、樓梯間。講求學校行銷的風氣興起後，ＬＥＤ電子看板、電視牆，以及三層樓

陳麗華 小檔案

現職：台北市立教育大學教育學院院長

學經歷：台灣師範大學教育研究所博士
美國愛荷華大學
馬里蘭大學
喬治梅森大學研究
曾任台北市立教育大學課程與教學研究所所長

長寬的超大幅噴墨布條也掛出來了。我們的學校熱鬧鮮明又帶勁！我們的學校生猛直白的宣告學校在教什麼！

這種花錢的校園營造計畫，必然更排擠教室裡最需要的經費挹注。應該把有限的教育經費，更有規劃的運用在支援課堂裡的學習活動。觀照日本這種簡單素樸、婉約究極的教育美學中，教育理念與價值觀平實的在生活中被實踐，在含蓄節制中透露出微光，這是我們難以在活潑生猛熱鬧的教育現場窺見一二的。（本文原載於《親子天下》第三八期頁一二〇～一二一）

取經日本3

希望有一天，台灣老師也被五體投地的尊重

文一簡菲莉

簡菲莉，台北市中正高中校長，二〇一二年六月參訪日本「學習共同體」學校。回台灣後，內心依舊激動迴盪：聆聽佐藤學老師演講時，深深觸動到她內心教育的熱忱，忍不住眼眶含淚。「那時，我看到佐藤老師深深凝視我一眼，那充滿理解的凝視，啊！就是對學習者的理解。」

我們來到筑波大學附屬小學參觀，讓我們驚訝的是：全校七位數學老師共同出版他們這個學科的小學《算術授業研究期刊》，目前已經有四千位訂戶。筑波附屬小學校也集全校教師之力，出版《教師教學手札》，也擁有廣大的訂戶。筑波附

小的老師們樂於分享學校教師的教學創新與教學成效，全國同一區內若有超過十四位期刊訂戶，他們就組成小組，免費前往該區進行授業研究教學分享會。我很難相信在行政人員編制極少的日本學校，教師們的能量竟然如此強大！

教育是為二十年後準備人才

心中的問題不斷湧出：為什麼這麼多的老師願意這樣做？筑波附小副校長的答案令我動容：「我們問自己希望二十年後的日本人會是什麼樣？應該具備有哪些能力？有了共識後，那麼現在的我們就應該從學校教育培育他們未來成為那樣的人。所以，教數學不是只是為了讓學生學會數學，而是要讓學生透過數學的學習，具備邏輯思考及問題解決能力。如何把數學教會又能讓學生得到這些能力？就是教師們透過授業研究互相觀摩成長所要的目標。」

我看著這幾本彙集日本筑波附小教師們的專業分享期刊，分別已經出到第四十回、一一〇回。我真的很期待有一天，台灣的教師專業也是這樣被五體投地的尊重著……

「該如何開始呢？」佐藤學以「學習共同體的推動沒有指導手冊！」來回應我們的提問。他認為：「學習共同體的願景哲學非常重要，沒有願景就會失敗。公立學校就是能讓孩子共同學習的學校，學校不能放棄任何一個孩子。」

老師的任務是要「聽」

另外，佐藤總喜歡談「伸展跳躍」，對於教師串連的教學設計強調追求卓越性。把程度設高一點，一般學業內容太簡單時，學生馬上就停止學習了。

印象更深刻的是他談論「對話」。「對話的實踐是要聽不是要講，老師的任務是要聽！過去傳統課堂上學生只是聽老師在說話，那不是學習。」我在《學習的革命》書上看到這一段時，不是非常理解，但聆聽佐藤教授的表情所

簡菲莉 小檔案

現職：台北市立中正高中校長學

經歷：中山女高

台灣師範大學化學系

台灣師範大學教育研究所

曾任中山女高教務主任

傳遞的訊息，我想我懂了！

最後，我想用自己振筆疾書的親筆紀錄，對佐藤教授堅持理念、完全實踐的行動表達敬佩。雖只能片段描繪他總是握著手錶的飛速演講功力，但每句話的力道如此深刻，每想一次，心就被打動一回。最後的畫面停留在他被催促著轉身離去的背影，因為這個演講之後，他還有行程，要趕往下一個城市、另一個學校、再一個「學習共同體」。（本文原載於《親子天下》第三八期頁一二二～一二三）

菲莉校長觀摩小筆記

佐藤學看台灣老師：不要一直想「教」會學生

台灣的狀況是老師只要發現學生不會，就會一直想教他。當他不會時應該去問，要能夠自己去問。每一堂課五十分鐘，共有的階段二十五分鐘，「伸展跳躍」的階段二十五分鐘，最基本的一堂課一定要有這樣的安排。

孩子能大喊：「我不會。」那就太好了！

如果老師今天設定的課題全部人都會，那就太簡單了。最好下課時，全部的孩子都大喊：「我不會。」這就太好了！

互惠的學習就是前一分鐘皺眉不懂的樣子，討論後二秒鐘，笑了，懂了，或者還是笑了，仍然不懂。但是因為有朋友在旁邊接受他的不懂，他有支持力量在，還是感到學習的快樂。

老師也是「學習共同體」，老師不能只討論教科書。**老師的討論要以學生為主**，「學習共同體」的學校最少一年有五十次公開授課。**第一是老師要打開門，第二是不評價老師的教法。**

我們所要講的是教室裡發生了什麼事，要以學習的事實為中心，要以孩子的學習成立為中心。

真正的好老師是小聲說話的、尊重人的。

因為很好的上課方式可能有一百種以上，正確的上課方式不會只有你知道的那一種。你覺得自己好，你就自己那麼做，不要要求別人都跟你一樣。老師在校內的研習會，看完一堂課，就有一小時的討論會，每一個觀課的人都要講話發言。你看了授課卻不發言是失禮的。你要心懷感謝，互相信賴把教室打開。

台灣也會有講話很大聲的老師吧？真正教得好的老師是小聲說話的、尊重人的。一個追求高品質與平等的學校會保障每一個人的學習，包含學生與老師。

取經日本4

別讓台灣成為教育的歷史博物館

文—林文生

林文生是新北市秀山國小校長、淡江大學課程與教學研究所兼任助理教授，一直是新北市推動學習共同體計畫的靈魂人物，協助推動國中小教學和課程改革。這位長期在教育第一線耕耘的校長語重心長的提出台灣課堂要產生質變，必從三個改變著手。

二〇一二年九月底日本佐藤學教授來台灣講學，掀起了一股「佐藤學旋風」。我很榮幸親臨現場聆聽他兩場演講；也有兩次餐敘機會，進一步請教他的想法。他在演講的時候，以及在《教師的挑戰：寧靜的課堂革命》一書當中都曾提到：「那種以黑板和講台為中心，眾多兒童整齊劃一地排坐的課堂，以學科為中心，教師講學生聽的教學方式，已經進入歷史博物館。」在餐敘的時候，佐藤教授又提到，這二十年來，每年都到台灣來觀察，台灣的課堂教學是世界先進國家當中，少數沒有改變的地方。

如果把上述兩段話結合起來，台灣很可能會成為教育的歷史博物館。為什麼？這是佐藤學教授很喜歡追問的問題。最主要的原因是因為我們的教育政策、教育研究，以及現場的專業發展，都沒有將課堂教學當做教育精進的核心，二十年來也沒有讓課堂教學產生真正的質變。

台灣的課堂教學欠缺質變

首先談一下教育政策，教育部為了落實教育政策，設計了統合視導、教學精進計畫、教學卓越獎的獎勵措施。這些原本是激勵各縣市政府落實教育部的

林文生 小檔案

現職：新北市秀山國小校長
淡江大學課程與教學研究所兼任助理教授

經歷：瑞柑、崇德國小校長
世新、政治大學、台北教育大學講師及助理教授

政策，實施之後卻變成傷害教師專業成長最深刻的制度。

原因何在？因為教師的專業成長，需要帶狀的經驗累積，需要從一個單元的內容開始討論，共同備課、共同設計，經過教學觀摩、修正反思、專業導入、重新設計、再次教學、再次反思……它是反覆遞歸的歷程。可是統合視導為了管理方便，採用計人次、計場次的方式，規範各縣市教師研習進修的成果。造成的結果是，每個月教師都被教育局（處）動員參加各種場次的研習。這種研習我將它稱為「提充式」的專業成長模式，它的型態可能是環境教育四小時、健體領域六小時、防災教育三小時、十二年國教三小時……貫徹國家政策的同時，卻不斷創造片段學習的經驗。

有一次跟一位剛從教育處長職位退下來的朋友聊天，我說：「您們縣市六班的學校，一年要被訪視評鑑七次，每個月老師要跑場研習，可不可能整合、重新設計出教師專業成長的帶狀工作坊？」他很無奈的回答，統合視導計人次、計場次的制度不改，統合視導的成績又關係到各縣市的教育補助款，愈貧窮的縣市愈不敢改變。

教育部另外一個美好的政策，卻未發揮示範功能的，則是教學卓越獎。教學卓越金質獎的團隊可以獲得六十萬元獎金，對現場教師可說是莫大的鼓舞。可是對一般教師為何未起示範作用呢？因為教學卓越獎當初設獎的方向就鎖定在「創新教學」，而不是課堂教學。造成的奇特現象可能是獲得教學獎的那個主題很有創意，但是一般的課堂教學卻很傳統，甚至於很粗糙。教學卓越獎應該調整適當的比例，鼓勵教師設計單元活動課堂教學，因為精采的課堂教學才是眾多教師想學習的對象；而不是特殊創新的卓越教學。因為浮潛、溯溪、帆船得獎的教學團隊，內容雖然精采，卻是特殊環境與設備的產物。如果是一堂精采的國文課、數學課或是生活課程，全國教師都可以參考學習，示範的效果可能更大更廣。

多管齊下，培育課程研究專家

除了教育政策必須改弦更張之外，教育研究的制度也必須改變。台灣教育學院及師資培育中心教授及研究人員的總數，和人口的比例，在先進國家當中應該是名列前茅。可是教育人員的研究成果對現場教師的幫助為什麼不明顯呢？因為課堂教學的研究是非常實踐導向，美好的理論如果不能在現場實踐，都只是對於教育世界的想像。如果論文期刊的評比方式，將教育學院的教授當做一般教授要求，每年必須產出同樣的論文期刊與品質，那就很少有教授願意長期投資在課堂教學研究，因為課堂教學長期被認為是比較沒有學問的技術操作。

解決這個問題有一個可行的政策可以試試看，教育部應該與國科會合作，發行一本《課堂教學研究》期刊，並授予TSSCI的認證，如此一來，可能引導教授長期投入課堂教學研究。佐藤學教授長期觀察課堂教學的變化，他看過一萬間以上的教室，所以他描述的課堂教學有畫面、有感動、有靈魂。請問在台灣看過一千間教室以上的教授有幾人？缺乏深刻的課堂經驗，教授所培養出來的學生，到了教學現場，很容易被校園的傳統文化所同化，因為學生學到的是抽象的理論，到現場就缺乏實踐反思的能力。

第三個要改變**的是教學現場的系統**。台灣的行政人員比例是全世界最高的國家之一，大型學校的行政人員總數都在二十人以上。如果這些人都具備課程素養，或是課程領導力，就可以變成課程領導的火車頭，也可以啟動這所學校的課程發展。影響學校課程發展的另一個因素是校長的課程領導力，在這方面，台灣校長的素養是出奇的薄弱，每個先進國家的校長甚至於教育局長都是課程與教學專家。可是台灣的校長可能是工程專家、可能是辦理全國性活動的高手，僅很少比例是真正的課程與教學的專家。

教師專業成長制度的匱乏，也是讓課堂教學裹足不前的原因之一。二〇一二年九月，我到上海黃浦區教育學院及六所學校參觀，他們的行政人員以及五年內的教師，一學期必須觀課二十次以上，教學觀摩一次以上。每兩週各領域的教師都有一次專業成長與對話的時間，教師可以針對課堂教學所面臨的問題進行深度對話。暑假第一週，所有教師必須返校備課，備課時必須將自己的授課內容準備到精熟的程度，並且經過骨幹教師的點評。

要提升台灣教育的競爭力，必須從課堂教學著手，讓孩子真正喜歡到學校上學。要將課堂教學精進化，必須從教育政策、教育研究方向，以及轉變教育現場的教學專業發展模式，台灣才有機會從課堂教學出發，再次創造教育的奇蹟。

取經日本5

體育課，也能學習共同體

文．攝影──柯華葳

長期關注閱讀能力與識字歷程的柯華葳現擔任國家教育研究院院長。她帶領我們親臨「學習共同體」現場，觀看體育課如何實踐「學習共同體」。

我在浦之田中學觀看一堂體育課，一堂柔道課。老師是男生，學生都是女生。

白板上老師公布柔道基本動作（圖一）。場地上有特別鋪設的地板，四圍有六部放映機（電視螢幕）。上課行禮如儀後，老師講解柔道基本動作以及今天要學的主要動作。接著，老師播放這個動作的錄影帶與慢動作（圖二），然

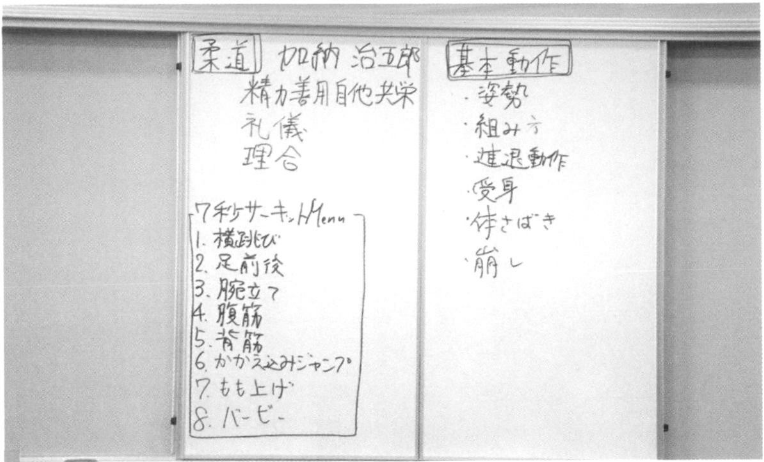

圖一：白板上公布的柔道基本動作。

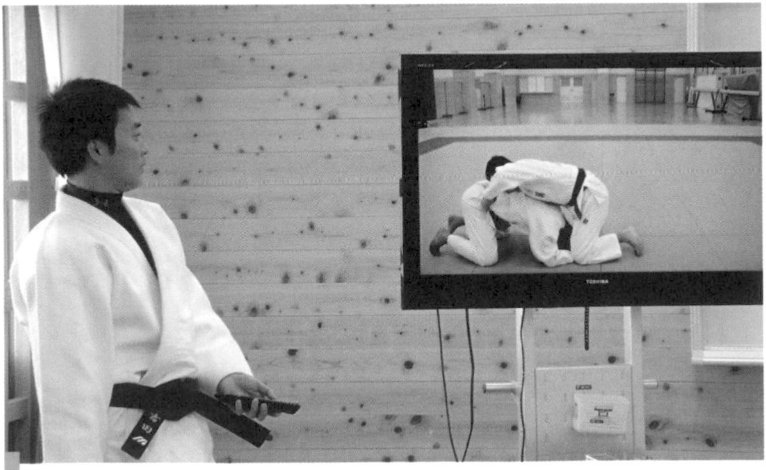

圖二：老師播放錄影帶。

後學生四人一組分組練習。練習時，兩人做動作，兩人在一旁觀察（圖三）。大約五分鐘，老師集合大家，說明如何防止對方逃脫，要以怎樣的方向接住對方，並再看一次錄影帶和慢動作，指出影帶中雙方的動作。學生再次分組練習。這一次看得出學生可以指出要捉拿對方的位置。

大約五分鐘後，老師又集合大家觀察錄影帶慢動作，老師並展示捉住袖口和捉住肩膀的差異。學生再分組練習，同樣兩人做，兩人在一旁觀察或是指點。接者老師請大家以錄

圖三：四人一組開始演練。

影機（包括手機、ipad）錄影，學生分別動作及負責錄影並播放剛剛存錄的影像，進行討論（圖四和五）。

圖四：學生錄製同學的動作。

圖五：播放影帶討論動作（觀察者也出現在影帶中的左上方）。

圖六：開心的學習。

柯華葳 小檔案

美國華盛頓大學教育心理學博士，現職國家教育研究院院長。長期研究閱讀能力與識字歷程，在兒童語文學習研究著力甚深。曾任美國哈佛大學訪問學者，中正大學心理系教授兼系主任，政大幼教所教授……等。

我在一旁觀察，一開始，學生看錄影帶上的自己，笑得很靦腆，指出自己動作的好笑處。但漸漸，學生形成討論氛圍，互相指出動作是否準確，且在接下的兩人操作時，清楚看到學習共同體如何發揮相互教學，學生更仔細觀看彼此錄影帶上的動作。大約十分鐘，老師請大家集合再看錄影帶，把動作細節的原理再說一次，並說這樣就可以讓對方逃不走了。

老師再次集合全體同學，預告下一次的課程將繼續練習今天的基本動作。然後師生安靜一分鐘，一起行過柔道禮（向前面跪拜），學生謝謝老師也謝謝觀課的人。一堂課結束。學生開心的表情顯示這是一堂有收穫的課（圖六）。最後補充一點觀察，學生不只捉拿，翻倒對方，學生會注意到對方服裝因扭打而變得不整齊，幫對方整裝。這種關心是競技場上看不到的。

我事後得知授課的老師並非以柔道見長。但我覺得柔道是不是專長絕非關鍵，透過有效的教學程序讓學生快樂的學到東西才是最重要的。

「學習共同體」在體育課也能充分展現。

Part two

撼動——佐藤學來台觀課實錄

他總是右手拿相機，左手拿著錄影機和腳架，鏡頭永遠對準學生。雖然佐藤學已經走過一萬間教室，但還是不停下腳步，一步一腳印的在每一間教室裡專注的看著學生……二〇一二年九月，佐藤學應《親子天下》之邀來台演講，並親赴台北市國語實小觀課，提出對台灣教室風景的觀察，並無私傳承他的拿手絕活。

佐藤學旋風，喚起教改熱情

文—張瀞文、陳雅慧

二〇一二年九月二十六日，推動日本教育寧靜革命的東京大學榮譽教授佐藤學來台，在《親子天下》舉辦的「教出學習力國際教育論壇」上，佐藤學將終生的戰鬥和革命心得無私分享，「學習共同體」的精神感動了現場上千位教師和家長。

「我有一個女兒，今年二十八歲，從小，我最希望她擁有的就是『自己幫自己追求幸福的能力』。」日本東京大學榮譽教授佐藤學二〇一二年九月二十六日在台灣演講結束，難得感性分享自己身為父親的願望，這也是他三十年來推動教育改革的願景。

當他看到日本學生學習力的崩壞，從學習中逃走的危機，也看到全球化可怕的影響——「加入」或「淘汰」的嚴酷二選一。他相信，只有找回學生的學習力，才是找回學生幸福的可能。「二十一世紀的教育是品質和平等的追求，」是他一輩子戰鬥和革命的目標。

就在教師節前夕，推動日本教育寧靜革命的佐藤學來台灣參加《親子天下》雜誌「教出學習力國際教育論壇」，並前往台北市國語實小觀摩吳莉娟老師的公開課指導。

用對方法　學生都有機會學習

三十年的研究歷程，佐藤學走遍一萬間教室，對學習的現場非常理解，觀察細膩。「我只要看到教室裡面老師站的姿態，就知道教學會不會成功。」佐藤學說。

來台第二天，他到台北市國語實小觀課。在教室裡，他沒有講話，只是靜靜的觀察、安靜走動、記筆記和拍照。在檢討課後討論時，聽不懂中文的他卻能如數家珍地說出個別學生的學習狀況，令現場教師們驚訝的頻頻點頭。

國語實小教師吳莉娟表示，其中有一個學生從來沒有「安靜」上過一堂課，這堂課是開學至今第一次，他可以參與學習與平靜的討論。吳老師對此相當感動，更體會到用對方法，任何學生都有機會學習。

對台灣教育的三個觀察

佐藤學在台三天的公開演講中，提出對台灣教育的三點觀察。

第一，是教室太吵。佐藤學發現台灣多數的教室都很吵，可是他認為能讓學習真正發生的場域應該是安靜的。當學生熱鬧、活潑討論時，是「發表」本來就知道的知識，真正的學習，是探究、思考不懂的事，那時候的交談狀態應該是低語。

第二，是教科書太簡單。他說，大家以為學習力低的孩子學不會，所以要把課程內容變簡單，可是如此一來，學習力高的孩子反而覺得學習太無聊，且讓學習力低的孩子知道教師對他的評價後，也缺乏學習意願，導致整間教室都沒有學習。要拯救學習力低的學生，最好的方式就是增加教材難度。

第三，是教師一直被評價。佐藤學認為，無論在日本或台灣，教師承受太多來自行政、家長、社區的評價，但是一直接受「非專業」評價的教師很難去思考：「我想要什麼樣的教室？如何讓孩子真正學習？」他強調，在這個失去信賴關係的社會，要先拾回對彼此的信賴，給教師自由、給教師信任，當教師的使命感提升，學習的革命才可能從教室展開。

佐藤學也特別強調，如果要評價教師，最好的評價是來自同儕的專業評價。就如同醫師和律師等專門行業，不應該是由病人或消費者來評價其專業度。世界頂尖的醫院、優秀的醫師團隊，要靠大量的同儕學習點評、個案研

（黃建實攝）

佐藤學赴台北市國語實小觀課，認為是一次令他相當興奮、感動的觀課經驗。

討，才能增進彼此的能力。教師的教學專業也應該由優秀的同行相互評價、多做課堂案例分析，形成教師的「學習共同體」，從專業的評價系統取得成長和尊重。

第八次來台的佐藤學，此行對台灣驚嘆連連。在佐藤學過去的經驗中，一個國家導入「學習共同體」至少需要五、六年的摸索試探，才有辦法做到台灣現在這個樣子。

他認為，台灣推行「學習共同體」有兩個困境：學校的規模太大、考試太多。不過，佐藤學也看見台灣推行「學習共同體」的四個有利條件：教師的專業素質高、校長革新心態積極、政府也給予大力支持與資源，最後，教師的熱情是讓佐藤學最為感動，也讓他相信「學習共同體」在台灣一定可以開花結果。（本文原載於《親子天下》第三九期頁三四～三五）

三十年的研究歷程，佐藤學走遍一萬間教室，對學習的現場非常理解，觀察細膩。（黃建賓攝）

改革號角響起，打造不同的教室風景

文—潘慧玲

潘慧玲，現任教於淡江大學教育政策與領導研究所教授。潘教授長期關注教育政策、課程與教師專業成長，第一時間觀摩「學習共同體」回來的潘教授，特別分享實施「學習共同體」的三步驟。

一趟日本「學習共同體」的觀摩，真的是感動滿滿。第一個感動在於，「學習共同體」讓孩子願意在教室裡頭學習，而且是樂於學習。第二個，日本老師非常專業，他們上課是不直接使用教科書的，因為教科書不一定符合教學需求，因此每一堂課都會設計學習單來引導學習活動。此外，當整個學校成為一個共同學習的生命體時，這種有機的結合，讓我們發現，「學習共同體」並不只是老師在課堂裡應用的一種教學策略而已，它甚至是可以改變學校，成為學校革新非常重要的一種新方法、新希望。

面對新世紀，培養五大能力

長期以來，升學主義主導著華人社會學生的學習。國、高中的教學現場，為了因應升學的要求，孩子留在學校的時間非常長，進行許多反覆性的練習，原希望開展的探究性、合作性與反思性學習也因此受到限制。然而當十二年國民基本教育號角響起，就應該是活化國中教學現場的新契機，尤其在全球化下，網路世代與知識經濟社會的來臨，教育受到前所未有的衝擊。聯合國教科文組織（United Nations Educational, Scientific and Cultural Organization）曾經提出面對新世紀的社會需求，教育應培養下一代五種基本的能力：學習認知、學習做事、學習共同生活、學習存在、學習改變自己與社會。因此，**如何培養學生**

主動學習與探索、發現與解決問題，成為一個知識生產者與衍生者，以及成為一個願意尋求改變的有價值個體，是我們這一世代教育工作者亟需努力的。

雖然現在多數家長、學校都還將心力投注在超額比序和免試入學上，但課程與教學的改變，才是大家更應該關注的。除了需要規劃一套能夠落實學分制精神的課程修習制度，讓選修更具彈性以符合孩子們的需求外，十二年國教展開後，升學壓力不會再像過去，對於教學，**老師們應該重新思考：我如何讓教學促進孩子的學習；我如何讓孩子在教室裡都成為學習的主體，而不會只是個客人。**把學習權還給孩子時，老師就必須改變自己傳統的教學方法，不再全部都是知識的傳授或全部都用講授的方法來教學。

「學習共同體」非常強調教學哲學的改變，所以老師第一個要改變的是教學信念，就是把學習的主動權還給孩子；接著才是策略的運用，讓孩子們能夠致力於共同學習。現有許多人討論「學習共同體」時，著眼在如何分組，一組多少人的議題，這已經是進入到第二部分「教學策略」的改變。

三步驟，「學習共同體」起步走

當老師想推動「教師學習共同體」時，有幾個不同的操作步驟。首先，老師們要一**起著手備課**，針對運用資料診斷學生學習優劣勢，以及教材組織、教學方法、評量與學習單設計進行討論，並分享教學研究；緊接著就是要**打開教室**，讓你的同儕能夠進到你的教室裡，幫助你一起來關注孩子的學習。請大家注意，**觀課的目的不是要評斷你的教學如何，而是當你打開教室，更多老師加入後，可以多了好多雙眼睛一起幫忙，看看你教室裡頭的孩子是不是都學習了**。台灣的老師可能會懼怕說，我打開了教室，就等於我的同儕要來批評我的教學，難免會有防衛心理，但觀課的真正重點是在孩子，是在觀看每個孩子的學習狀況。第三個步驟，就是打開教室看了你的課堂，觀察到學生們的學習之後，大家來討論，討論孩子們在課堂中的學習是否發生？學習的困難與成功之處為何？這叫做**議課**。

傳統的教室風景，大抵就是教師揭示了今天教學的主題方向，然後「一言堂」的講授；如果換成「課堂學習共同體」的操作，就是教師要改變授課方法，把主動求知權放在學生的手上。因此你的課程設計就會增加活動，讓孩子們分組，可以四個人一組，彼此探討老師今天所給予的任務，該如何解決。所以當我們看日本數學課的「學習共同體」時，你會發現老師不是在教數學，老師是在談數學。

讀到這兒，不曉得老師們是否會跟我心有戚戚焉，會心一笑，當我們改變教學信念和教學策略，讓學生成為主動學習者的時候，不再是老師我在教數學，而是我跟孩子們一起討論數學。

深刻了解孩子的學習特性

其實，我最佩服佐藤學的地方是，他經歷了三十年的努力，對於學生的學

日本的校園大抵自然樸實，每間教室都光線充足，非常通風。（黃建賓攝）

習有很細膩的觀察。他很了解孩子的學習特性，對於什麼樣子的孩子有什麼樣的學習樣態，在不同的階段會表現什麼樣子的行為，他都有所掌握。譬如孩子們大聲討論的時候，學習不會發生，唯有輕聲細語，孩子們在思考，學習才成立。

在推動「學習共同體」的此刻，國內的教育界必須對台灣孩子的學習有更深的了解。我們孩子的學習特性，跟日本的孩子肯定有不一樣的地方。一旦老師們更能掌握那些學習特性時，才會明白：喔，學生是這樣子的學習，原來他表現這種行為的時候，不表示他在學習；另外一種行為的時候，才是在學習。如此我們的教學策略才能有所因應，才能真正促進學生的學習。

我還是要特別強調，施行「學習共同體」不僅僅是教室中教學方法的改變而已，而是需要致力營造整個學校的文化。雖然台灣和日本都身處儒家文化圈，受到升學主義的影響，但日本老師對自己的專業期待跟我們不太一樣，在學校留到傍晚六、七點準備或討論教學是滿尋常的事，且日本老師本來就有教學研究的傳統，「學習共同體」延續那個傳統，並注入新生命，讓原本的授業研究更有活力地展開。反觀台灣，雖然近年來教育部推動教師專業發展評鑑，讓參與的老師有了打開教室的洗禮，但還有許多老師對於集體備課、公開授課／觀課、及共同議課還不太習慣。

兩地的校園環境也有所不同，日本的校園大抵自然樸實，空間設計不是很華麗，但都非常符合學生發展的基本需求，譬如，每間教室都光線充足，非常通風。而台灣有的教室比較暗，不夠明亮。這讓我們充分感受到，日本人營造的是自然樸實的環境，就如其課堂間所著重的教育本質。

另外，現在國內很講求資訊融入教學，很多學校都致力推動電腦或電子白板的教學；進到日本的教室，我們反而發現要求學生必須應用電腦完成的作業，並不常見。他們在學生讀寫算基本能力的養成上，不強調一定要透過電子媒介。

打開教室大門，有助專業成長

雖然「學習共同體」是西方的概念，日本卻能走出自己的模式。它強調整個學校是一個學習共同體，在學校，每一個人都是學習者，行政人員、老師、學生、家長都是學習的一員。除了自己本身進行學習，也彼此相互學習，形成「學習共同體」。我們今天真的想活化老師的教學，就必須讓老師體認到：教

潘慧玲 小檔案

現為淡江大學教育政策與領導研究所教授，並擔任台灣地方教育發展學會理事長。美國賓州州立大學博士，長期參與教育部政策之諮詢、研究與推動。

室不只是你的，是有公共性的。打開你的教室大門，透過同儕的相互幫忙、討論，一起幫助學生學習，這絕對有助於老師的專業成長。

「學習共同體」可以是教育經營非常重要的方式，學生透過協同學習，問題減少了。本來行為問題很多的、不願意學習的、中輟的孩子，透過真正的自主學習，提高了學習意願，整體學校的問題就減少了；很令人驚喜的是，當孩子的學習動機大幅提升時，不只問題行為減少，連學力、成就，都有很顯著的進步。

看到佐藤學所提的「學習共同體」，回到台灣的脈絡裡，我們也不斷思考，怎樣做出一些有意義的改變，讓我們的教育現場產生一些質變？讓那些不喜歡上學的孩子也能夠享受學習，不會覺得無聊而大嘆學習這些東西有什麼幫助。

改變的時刻真的來了。看了「學習共同體」，身為一位教育工作者，本乎專業，都會體察到改變的必要。讓我們看看校園，想想如何創造一個能夠幫助學生「學會如何學習」的環境，並以堅定的心、穩定的步伐，持續地走上變革之路。

Part three

行動——台灣實踐

這場快速延燒的台灣版「學習共同體」重燃老師的教學熱情，更特別的在於從下而上，從地方到中央。教育的改變和改革的方式當然不是只有一種，「學習共同體」也不會是唯一的標準答案；核心在於喚醒老師們熱忱想要改變的心。

台灣實踐1 新北市各級學校

學習共同體的實踐密碼

文—林文生

推動「學習共同體」不容易，教師經驗不足、學校缺乏觀摩教學的文化、時間不夠……新北市經過一年的摸索實驗，發現了六個有助於發展「學習共同體」的實踐密碼。

二〇一二年，日本佐藤學教授到台灣演講，掀起了一場校園學習的革命，許多學校的老師運用佐藤學教授所說明的方法，在自己的教室試試看。新北市各級學校經過一年的實驗，有一些心得（實踐密碼）可以跟現場的老師分享，也許能減少大家摸索與嘗試錯誤的時間。

實踐密碼1：創造學校的寧靜度

佐藤學對台灣學校的第一印象，就是學校太吵了。台灣學校的老師都會自配功能強大的麥克風，這在日本是被禁止的；連老師上體育課用哨子，也是被禁止的，因為這兩項工具都會造成學生的聽力受損。學校為什麼要很安靜，根據佐藤學教授的研究，只有在**非常安靜的狀態**，**學生才可以進行深度思考**。

我在學校提倡上課停止使用麥克風（如果一定要使用，也以隔壁班聽不到為原則），第一天就有八成的教師響應，原來他們本來就不想用麥克風，只是有老師用麥克風，就逼使每一個老師都要使用，因為不使用麥克風，在教室內就聽不見彼此講話的聲音。想要實踐學習共同體，首先讓學校靜下來吧！愈安靜愈好。

實踐密碼2：調整班級的空間

有的老師以為學習共同體等同於合作學習，所以就將原來一排一排的座位，改成兩個人並排，或者是五到六個人的合作學習。根據韓國孫于正教授（佐藤學的學生）的研究，這種空間安排是無效的。因為**學習共同體的核心概念是深度對話，不是形式上的合作學習**。這兩個概念有重疊處，也有相異處。最大的不同是前者主張深度的討論，才可以產生高層次的學習；後者比較強調一個學生與每個學生的合作機會與關係的建立。

剛開始實施學習共同體，因為學生缺乏合作學習的經驗，**班級最好是先以兩人為互動的小組，前後同學為合作的大組，我稱這種模式為兩階段的合作學習模式**。第一階段發生在兩人的深度對話與討論，先形成共識之後，再跟其他兩人交換意見，如果兩組的意見不同也不必勉強整合，可以兩種想法並陳，分別發表。

為什麼要從兩人的合作開始？根據我們的實驗，學生只要有一個人專心聽他說話（傾聽），他的心情就會穩定下來，講話的聲音也會變得小聲。另外從兩人開始，弱勢的學生才有機會獲得專屬的服務，學習的動力跟能力都會同時提升。

實踐密碼3：引發發表的動力

很多老師都表示，學生到了高年級之後，就會變得酷酷的，下課時高談闊論，上課時沉默寡言，國、高中的學生更是如此。這種看法幾乎變成教師集體的意識形態。

真的是這樣嗎？我選了一班六年級的學生，進班教教課給老師看，結果一節當中，全班的學生都有舉手的紀錄，一半以上的學生都搶著發言。事後老師跟我說，因為你是校長，學生比較賣你的面子。我告訴老師，不是身分的問題，是方法的問題。實踐的密碼在哪裡？一般教師在班上提問，很少學生舉手回答，原因不是學生不想回答，而是老師提問之後缺乏等待的時間，也缺乏讓學生討論的時間，更缺乏讓學生討論之後記錄的時間。只要將這三個缺補充起來：**候答、討論、記錄之後發表，學生的發表意願就會瞬間加溫，最後鼓勵小組一起發表，就大功告成了。**

實踐密碼４：有效教學領導（以身證法）

很多的校長告訴我不能推動學習共同體的原因，老師會抗拒、學校缺乏觀摩教學的文化、教師缺乏教學經驗、教務主任能力太弱……我告訴校長，這些因素都很重要，但是你們學校還是可以做：從你開始。**教學領導最重要的基礎就是領導者，對於教學的細節一定要很清楚，愈清楚就愈容易解決教師在現場所面臨的問題。**例如實驗學習共同體的教師幾乎都會問到的問題，進度趕不完、討論的聲音太吵、學生只會聊天不會討論、如何問學生問題？……這些問題如果缺乏解決的管道，慢慢累積就會形成內部壓力，最後有可能造成整個學習共同體力量的潰散。

台灣行政的科層體制是國外所沒有的，教學改革，最好從校長、主任開始帶頭做，校長、主任先帶頭做教學觀摩，老師做起來就比較甘願。校長做了教學觀摩，也比較能夠理解教學的歷程有多複雜，要從教師的教，轉到學生的學，有多麼困難！如此身歷其境的經驗，再帶領教學領導的時候，就會比較有同理心。

實踐密碼5：運用行動研究解決問題

真正有效的教學領導是很辛苦的，但是做成功之後，學校會很穩定，家長也會很認同，校長開始有機會體會自我實踐的快樂。校長進行教學領導不但要以身證法，自己下去教；還要有行動研究的精神，蒐集教師現場發生的問題，然後提出有效的解決策略。

以我在現場蒐集到的問題為例，老師會面臨進度的壓力，也會發生不知道如何有效提出問題？這兩個問題，其實是同一個問題。如果回到「課程地圖」的概念，**老師要先掌握每個單元的核心概念，再將核心概念轉化為核心問題**。這些研究在Heidi Hayes Jacobs（1999）研究課程地圖的時候，已經發展完整的心智工具，我們如果熟悉課程地圖的方法，面臨老師的問題與挑戰，就可以直接引用，做為解決問題的工具。

實踐密碼6：選擇適當的分組方法

為什麼說是選擇適當的分組方法？而不是談分組的原則。如果我們經常到教學的現場觀察，很快就會發現Johnson & Johnson所談的合作學習的方法實在

新北市實踐「學習共同體」心得

1. 創造學校的寧靜度
2. 調整班級的空間
3. 引發發表的動力
4. 有效教學領導（以身證法）
5. 運用行動研究解決問題
6. 選擇適當的分組方法

太粗糙了。因為Johnson & Johnson所談的合作學習的分組原則，缺乏情境脈絡的考慮。如果將情境脈絡考慮進來，需要考慮的分組方法，比Johnson & Johnson所想像的要複雜許多。分組的方法跟分組的目的有著密切的關連。決定分組的方式，初期最重要的考量，其實是在更新班級文化。我曾獲邀至一所學校觀摩，學校選了個問題最多的班級來做為示範教學，因為老師班級經營很辛苦，希望尋找有效的方法。第一次到她班上的時候，有一部分的學生靜不下來，有些學生還將椅子懸空四十五度，邊搖邊跟同學聊天。隔一週，再去看這一班，就沒有這種現象，老師重新安排同學的位置，把這位同學安置在最靠近老師的地方，左右跟後面，坐的都是勤學的孩子。老師發下學習單，很多同學都很認真寫，他有點無聊，但是整個班級的氣氛都努力在想學習單的題目。這種整體「思考」的氛圍，會鎖住躁動孩子的心，慢慢的，他也參考別人的答案，進入學習的狀態。

重新分組的確是一個很好的策略，**當班級的同儕互動，或者是師生互動發生困難，就可以考慮微調班級的座位**。

可以運用在學習共同體的方法很多，限於篇幅，我先提供這六種可以應用在現場的實踐密碼，拋磚引玉，希望有興趣的教育同好，大家一起來實踐，一起發現學習共同體的實踐密碼。

台灣實踐2 台北市北政國中

超刺激互動，沒人上課想睡覺！

文—林玉珮

北政國中的老師把更多時間投資在與其他老師共同備課與課後檢討，減少實際「講課」時間，讓孩子在課堂有機會討論、操作、消化所學到的新知識，課程刺激到沒人睡得著！

「如果你是主講人，怎麼讓這堂課很無聊？」台北市北政國中校長高松景在二〇一二年暑假備課日講座一開場就拋出問題，台下很快回應：「照本宣科」、「都是你一個人在講」……

他又問：「如果你要讓這一堂課很有挑戰呢？」老師各個有想法：「問問

題」、「設計活動」……

高松景繼續提問、聆聽、串聯、回歸課題，不著痕跡的帶著全校老師經歷「學習共同體」的對話，更發覺到老師們對創造教育價值的熱忱，「改變的時候到了！」

由老師來啟動教室的革命

翻轉教學，把學習的主導權還給學生，北政這所經歷過「自願就學方案」與「自主學習實驗」等多項教育實驗計畫、從瀕臨廢校到一額難求的額滿國中，再度挑戰教育創新，從新學年開始，成為台北市導入「學習共同體」的先鋒學校之一。

「老師是最重要的關鍵，更是教室革命的啟動者！」高松景特別強調，「學習共同體」是一種草根性、由教師出發的改革，絕對不可用強制、壓迫的方式。因此，北政課堂風景的改變，七年級先行，八年級隨後，九年級予以尊重，而且不是每一科、每一堂都做，「我們不是趕時髦，而是重視老師的教育哲學，以及教學理念的改變。」

家長與社區的支持，也是「學習共同體」重要的一環。高松景指出，北政家長不強調升學導向，很支持學校為了孩子的學習所做的改變。因此，家長不但組團與老師代表聯袂參訪韓國實施「學習共同體」的學校，還在學校日各班教室體驗「ㄇ」字形座位並提出改良版，將「ㄇ」字形微調為「V」字形，大受學生喜愛。

老師講的少，學生學更多

為了建構學生「學習共同體」，七年美班導師、國文老師侯如紋形容：「瘋狂備課！」同領域老師除了要克服找出共同時間，還要學習：捨得！

共同備課除了討論怎麼調整段考範圍，決定哪些課是學生可以自學而略過不上，而各課重點該放哪裡，又如何設計學習單、問出好問題，還要找出哪些課可以主題連結或補充教材，例如以「親情」連結〈負荷〉、〈背影〉，並把課本外的〈目送〉加進來。此外，段考前要一起出問答題，段考後也要討論如何評量每位學生給的不同答案。

「老師課堂講述減少，但課前、課後投入的心力與時間卻更多。老師很辛苦，但看到學生在小組協同學習展現的對話與相互幫助，會讓你下課時帶著微笑走出教室。」

「學習共同體」呈現在課堂的風景，讓侯如紋老師既驚喜又感動。

不斷動腦，團體討論找答案

「我什麼課都能睡，就是國文課無法睡！壓力很大！」七年美班學生淵皓說這句話時可是笑得很開心。他記得上學期，老師曾把課本裡的詩作拆開，把文章段落打亂，「我們要先討論出每個段落大意，然後以起、承、轉、合來排列出這首詩、這篇文章。每一組答案不一定一樣，只要講得出道理，沒有誰對誰錯。像這樣要思考，要說給別人聽、也要聽別人說，誰睡得著！」

「我喜歡『學習共同體』的上課感覺，」瑜庭說，有問題可以問組員，自己也變得很勇於發問，解決問題的能力進步了。雖然有時會發生有人堅持己見、不參與討論這類令人討厭的情形，其他人就要找出證據，或運用技巧嘗試說服對方；如果還是不行，報告的人就要儘量綜合每個人的意見，也不用非得取得一致答案。

團體討論時的確經常會有小摩擦，但是德珊說：「大家表現出更多的包容與接納。只要我們是一個團隊，就不能讓任何一個人置身事外，要給他多一點關心、多一點幫助。」

德珊聯合張庭等幾位同學一起提議成立「課業小組」並獲得同意實施，開

北政國中實踐「學習共同體」心得

校長的決心與領導、老師的意願與熱情，以及聚焦在學生真正的學習，是建構「學習共同體」的三大關鍵。過程中，尤應強調理念重於技術，採取包容、尊重，並循序漸進地建構有利學生、老師、家長及社區參與學習，此三層同心圓「學習共同體」的對話氛圍。

放任何人成為教導者，可自由認領需要幫助的同學。而獲得協助的同學也要回饋班級，例如愛班服務，或利用午餐時間分享新知或感想。

儘管北政國中的「學習共同體」還在草創階段，但無論是孩子的學習、師生的相處、學校的氛圍，可以察覺到「學習共同體」已帶動善善循環的改變。校長高松景說：「這些在考試時可能看不出來，但我們確知至少是往前的，又更接近實現『成為一所支持孩子全人學習的學校』的願景了。」

（本文原載於《親子天下實戰教養系列二〇一二年國教免試入學》頁一二八～一二九）

台灣實踐3 台北市忠孝國中

突破三關卡，改變看得見

文—林秋蕙

任教於台北市忠孝國中的歷史老師林秋蕙，希望她的班級也有「學習共同體」的風景。滿心浪漫的她相信書上所言，學生會一步一步慢慢累積所學，瞬間如火箭噴射推進。她分享了三個必過的關卡與兩個叮嚀，告訴我們，孩子的無限可能。

我們一起讀《學習的革命》這本書吧！

二〇一二年夏天，翻閱這本紅色封面的書，讓我驚訝真有這樣的教室風景嗎？總是老師說說說，學生聽聽聽，複習時再講一遍，雖然「教」與「學」都走了一遍，怎麼見不到成效？面對「學習」這件事，師生都很挫敗！

開學前，我決定要試試看，能不能做些什麼，即使是一點點改變也好。不過，對於一個滿心浪漫的老師，果然不是一點點改變，層層關卡，但要關關過！

教師主動翻轉教學設計

第一關就是顛覆自己的教學設計邏輯。以往的思考是：這單元要如何教？有哪些引起動機的活動與內容？哪些是教學鋪陳中的重點？最後要如何統整複習？精確計算時間講完、教完，然後進行評量與作業，接著，下一單元。教學進度一定要在時間點上，快！準！

現在想的卻是：這單元有哪些必須學習的關鍵概念？這些概念學生要如何學會？如何將單元內容結構分析後，讓學生能自我學習或共同學習？拜與台北市國中社會學習領域輔導團員共同閱讀討論《重理解的課程設計》逆向思考教學設計之賜，正好從找出單元內的關鍵概念為起點。執行上，卻遇到最大的問題是學生的惰性，因為理想中，學生會回家先預習單元內容，到校就可以開始進行學習活動；實際上，能有六成以上願意主動預習就很棒了。

經過一學期的「交手」，原本希望學生回家先預習、做摘要筆記，但是完全讓他們動手書寫，因為沒有經驗，他們覺得辛苦而不願意做，而變成課後抄寫同學的筆記。在期末透過學生的回饋後，第二學期，我找到提高預習率的方法，是將教材轉化成克漏字式填充，至少教材因填寫而看過一遍，加深印象後，開始上課再採用文本架構分析方式，建構學生重點概念。

給學生空間自己找解決方案

第一關就是學生分組。根據書上的方式是ㄇ字型、四人小組、二人小組、性別參半等，那座位怎麼安排呢？一開始，我很擔心討論會很吵，分組會有狀況，搬桌椅會浪費很多時間，好多擔心！所以直接規定第一橫列學生向後轉，第二橫列學生兩兩併桌（圖一），既方便又快速。但是幾次後，就出現問題了，學生抗議桌面太小。確實，四本教科書加上四本A_4大小筆記本，怎麼安放在兩張桌上呢？

我提問：「有沒有方法可以快速就位，又可以有足夠的空間呢？」學生立刻就有回應：「有！一樣是第二橫列學生兩兩併桌，但是第一橫列兩兩各轉九十度面對面就可以囉！（圖二）」這麼一排列後，效果讓我驚豔，而且學生強調這樣在分組後，若無特殊需要，不必於上課中再搬動座位，大家都能清楚看到老師與黑板。

學習真的是時時刻刻發生，他們幫我上了一課！從他們的角度思考需求，讓學習更順暢！至於性別安排，個人認為尊重導師原座位安排即可，學生座位安排必定是每一位導師班級經營中重要的一環，今日台灣社會性別平等，形塑之性別特質並非如書上所言差異之大，因此，並無特意尋求二男二女的組合。

把握機會，做足準備

第三關教室內的風景真的如此靜謐？能如書上所說，或像參與國際教育論壇佐藤學教授所言，以及試辦學校分享——教室討論的秩序不會紛紛擾擾，每位學生專注投入。我充滿懷疑！

　　機會是給有準備的人，我研讀專書、積極參與論壇、努力在班級中試做，且台北市教育局提供給輔導團申請出國參訪，

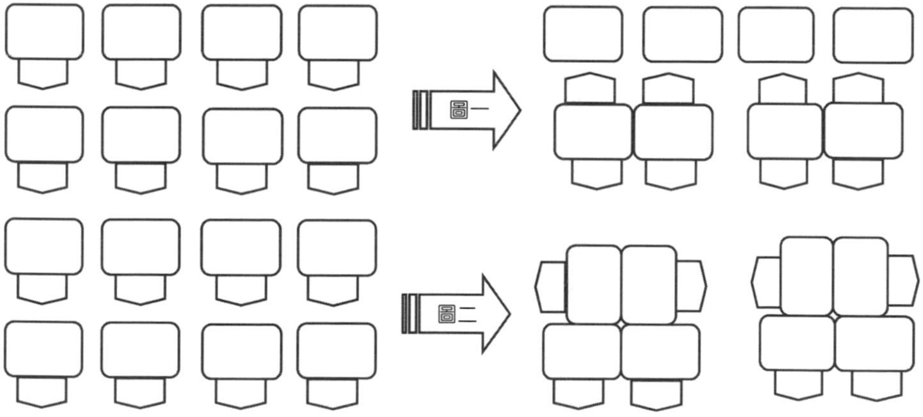

可以親臨教學現場觀察與對話。很感謝社會學習領域輔導團團長羅美娥校長精心規劃，積極與日本學校方面聯繫，讓我們用四個工作天參訪觀課五所學校、進行兩場深度教育座談，收穫滿滿。另外，校內並獲得校長與同儕完全支持，鼓勵我把握機會學習。

實地參訪與對話後，印證書上所言，教室美好風景確實會發生，但是學生吵鬧與打盹也是存在。依個人觀察的結果，是要有良好的紀律為後盾，各種學習才能順利推展。國情文化不同、從小學習歷程有別，不宜將日本所展現的「學習共同體」實施景況完全複製到台灣。但是，學生學習的動力是相同的，透過老師有效的教學設計與引導，學生是可以建立起信心，與教材對話、與同學對話、與自己對話。

開始討論時，聲音或許大一些，但別在意，日本「學習共同體」的教室也有如此風景。

曾經在這學期新接的班級開始實施，同學認真卻大聲的討論，我默默在黑板寫下：「真正的討論是僅有同組同學聽見，大聲到讓他組聽見，只是自大的表現！」音量瞬間自動調整了，我報以微笑，孩子更開心地繼續對話。師生互動、學生討論的交響樂如此和諧展開！

耐心等待，轉變就會出現

過關斬將後，對於想開始的您，提出二個小小的叮嚀。

首先，一**切以學生學習為核心**，「學習共同體」只是一種教育理念，沒有SOP（標準作業程序）。很多老師在第一時間會說：「我們早就有分組教學了啊！」或是已經試辦「學習共同體」的老師強調：「我們學生的座位有排成ㄇ字型了。」光是形式上的分組或座位安排，真的是做到「學習共同體」了嗎？真正的核心是身為老師的我們，有沒有設計出讓學生學會應學的核心概念？有沒有讓學生學習能伸展跳躍的設計？（千萬不要讓每一堂課為要「有」

討論、跳躍而做）。

我很幸運的可以在現在任教的學校自由自在的進行各種教學嘗試，校方並沒有規定教師要實施哪一種教學模式，校長、主任也沒有因為接觸到不同的教學模式，而在校內強力推動，只是將新觀念如種子般撒下，在我們需要的時刻，百分百支持，所以校內就我個人一直維持嘗試實施「學習共同體」，其他老師則會找個單元來試試，寧靜的教室革命，正在發酵……

第二個小叮嚀是耐心等待。教育部推動教師專業發展評鑑、教學輔導教師觀課，都會強調教師提問後，最好能待答至少三秒鐘，但是三秒鐘過後，老師是繼續自己獨白還是引導？而「學習共同體」是相信學生會一步一步慢慢累積所學，瞬間如火箭噴射推進，但是那一瞬間在那兒？誰也不知！我們常會說孩子還沒開竅，所以學不好，但是何時「開竅」？真的要有耐心等待。

在我試做的第一學期，有學生總是不討論、作業不寫，坐在那兒「聽」，我總是在組間巡迴時，特別過去引導，先讓他開口說話。他通常都說：「我不

林秋蕙 小檔案

現職：台北市立忠孝國民中學歷史科
輔導活動科老師

獲獎紀錄：

台北市立忠孝國民中學93、99學年度優良教師

台北市99學年度優良教師

財團法人台北市教師會100年度第9屆SUPER教師

98年台北市第10屆教育專業創新與行動研究徵件創新教學活動設計『歷史學科補救教學課程之嘗試』特優

99年台北市第11屆教育專業創新與行動研究徵件教育經驗分享類「社會領域教學分科與合科教驗分享」入選

會」，「要不要先問同組同學你不會的部分？」。幾次後（社會科一般是每週一節課），他開始出現片段的回應，我幫忙轉述或是將語句完整化，他的想法透過我的轉述，讓同組同學聽到，老師的工作不就是要建立學生信心，並做到學習的引導→串聯→反芻（返回）嗎？剛開始，同學認為他不可能正確的發言，屢次協助發表後，他自己願意主動舉手，出聲讓全班聽到。同學驚豔他的論點，他驚訝自己能發表，而我驚奇學生間的轉變，這一

林秋蕙老師實踐「學習共同體」心得

1. 一切以學生學習為核心
2. 耐心等待

切用了一學期的時間！等待是必須的！

總說自己浪漫的進行教學，接觸到只要對學生學習有幫助的訊息都想試試，做了再說，有問題就調整。從上學期到現在，我繼續嘗試、繼續尋找，希望建立屬於寶貝們的「學習共同體」！

台灣實踐4 台北市國語實小

每一堂課都是驚喜

文・攝影—陳欣儀

陳欣儀任教於國語實小。在實踐「學習共同體」一年後發現，過去學生通常比較不敢舉手說不懂；現在，班上學生比較沒有這樣的顧慮。她鼓勵孩子不要怕「說錯」，因為這些「錯」的答案，往往更具有討論的價值！

二〇一二年暑假，楊美伶校長向國語實小全校老師分享參訪日本「學習共同體」學校的經驗，以及新學年度學校推動「學習共同體」的方向，對於該如何執行、如何改變自己的教學方式或是學生學習效果將會如何等等，我心中出現不少疑問。在此之前，雖然讀過《學習的革命—從教室出發的改革》一書，但覺得書中的理論多於實務，還是不知道該怎麼開始進行「革命」。

有幸，在二〇一二年九月二十六日參加《親子天下》雜誌主辦的「教出學習力」國際教育論壇，佐藤學教授認為「學習共同體」沒有SOP，意思是改革的歷程需要教師自己摸索。我想，那就從座位的「改變」開始吧，但「ㄇ字形座位學生會不會容易不專心？」、「這樣真的能促進學習嗎？」的擔憂，困擾自己許久。

改變，看到「學習」的契機

開學第一天，學生見到這樣的座位，馬上就問：「要開同樂會嗎？」

我說：「以後上課都這樣坐。」

學生們訝異的說不出話，但看得出他們臉上的表情是開心的！實行兩個月後，學生表示這樣的座位，會讓自己比較想發言，也能清楚看見班上所有同學

（文．攝影／陳欣儀）

ㄇ字形的座位，讓學生容易看見所有同學，能更專心聆聽，也促進發言。

的反應，對話也比較容易。

除了ㄇ字形的座位外，小組人數也由過去六人一組，改為兩男兩女四人一組，並且能快速轉換為討論的形式，形成相互學習的教室氛圍。小組成員從六人降為四人，的確可以讓每一位學生都有機會說到話、有機會提出自己的看法，聆聽也比較確實。

「學習共同體」的教室，教師角色從主要講述者，轉變為學習的引導者，協助小朋友進行聆聽、串聯、回歸（知識原點）。上課時，教師必須先提出學習問題，引導學生思考，其次透過小組討論，分享彼此的想法，最後再與全班分享剛剛的討論結果。課堂中，教師「聽」的能力，不僅是聽學生的發表內容或意見，更應透過「聽」的方式肯定學生的存在，給予其歸屬感。師生從上下關係變成平等對話。因此，我將備課重點放在如何「佈題」與「提問」，與學年老師共同思考，哪些問題能引發學生深入思考？哪些問題適合進入到小組討論？哪些問題又是可以成為學習後能伸展跳躍的問題？提出更深入的問題激發學生學習的動力。

平等發言空間的經營

上課時，我開始儘量少說，以提問及引導語的提示，將學習權回歸給孩子們。為了避免發生過去討論時的「一言堂」情形，一開始，我要求每一位學生都要發言。發言可以是說出自己的想法，也可以是回應同學的想法，或是對同學的發言提出疑問，甚至真的沒有想法可以分享時，也可以說：「我目前還沒有想法，我想先聽聽看你們的意見。」總之，第一個目標，我希望大家能做到

「發言」。同時，我告訴全班，大家都是平等的，每個人的意見都很重要，沒有特別誰是領導者，誰說的才是對的。當同學發表完，我也會要求他們最後要說：「請問大家有沒有問題？」若有疑問，一定要提出。

慢慢的，班上發言的人數愈來愈多，也會有學生主動提問。有一次數學課，當一位學生說明完他的想法後，另一位學生便舉手：「為什麼你剛剛會說2：3＝4：6？我不懂，可以再說明一次嗎？」我先是讚美他勇敢提出自己不懂的地方；再來，肯定他的認真「聆聽」。之後，班上大部分學生有不懂處，都會提出他們的疑問，其他同學也能回應、補充說明，或是「換句話說」，形成學習的「對話」，而不只是「發表」。

我發現，過去，學生通常比較不敢舉手說「不懂」；現在，班上學生比較沒有這樣的顧慮。我也鼓勵學生不要怕「說錯」，因為這些「錯」的答案，往往更具有討論的價值！

分組討論、操作、探究，各組的策略不盡相同。

啟動學習的密碼

本學期數學「比與比值」的單元，讓學生學習「相等的比」。題目：媽媽用二公升的蘋果原汁和三公升的水調成蘋果汁；妹妹用四公升的蘋果原汁和六公升的水調成蘋果汁。想想看，媽媽和妹妹調出來的蘋果汁味道一樣嗎？過去我用講述兩個比的比值相等，就稱作「相等的比」，指導學生建構概念，十分鐘就交代完了。這次我用「學習共同體」的上課方式，放手讓學生進行小組學習，發現原來教師認為的理所當然，學生可能不知所以然。學生透過孩子的語言，不僅解題方法很多元，更應用「相等的比」的概念去解題，這是過往教學經驗所沒有的！

揚揚直接說：「2：3＝4：6，所以媽媽和妹妹調出來的蘋果汁味道一樣。」（過去，總會擔心，像這樣已在安親班學過的孩子會直接把結論說出來；現在，我一點都不擔心，學生答案愈多元愈好，因為不懂的學生自然會提問！）

果真，小淇立刻舉手：「為什麼2：3＝4：6？明明二就不等於四，三也不等於六啊！」揚揚一時間卻回答不出。

小靜此時舉手：「小淇，妳就把它想成兩張兑換券可以換三個布娃娃，和四張兑換券可以換六個布娃娃的『遊戲規則』是一樣的啊！」

這時，不止小淇，好多同學都異口同聲：「喔～」。（學生發出豁然開朗的「喔～」，聲音真是悅耳呀！）

這又證明了學生與學生之間的語言，反而較老師的說明更容易理解。這樣的「對話」學習，一方面在訓練孩子如何清楚表達自己的意見；另一方面，也讓孩子的思考能更深入、更廣泛。

實行「學習共同體」兩個月，即將面對期中考，對於這樣的學習方式，學生的學習效果或是評量成績會是如何，我心裡也感到有些忐忑。期中考後，學生的小記中，除了讓我更堅定「改變」的意志外，更看到「學習共同體」的魔力。

上課不再是老師一人唱獨角戲，講台不再屬於老師一人，學生們的投入，讓數學課變得很有趣！

班上有一位學生沒有參加任何課後補習，過去數學成績表現中等，這一次期中考數學考了一百分！他在小記中表示，完全是從課堂中相互討論、彼此分享學習的！另一個上課總是注意力不集中的學生，現在上課總是忙於討論、分享、聆聽、再回應，他變得專心許多，作業完成度也相對提高！

芸芸：「我發現**靠自己想出來的答案，印象會比較深刻！這讓我在複習考試時，感覺比較輕鬆。考試時，上課的內容還記憶猶新，考出來的成績也比較好。**這樣的座位安排，能引發同學間的討論，也能讓老師與學生更加親密。**現在，老師都會先讓我們自己思考。雖然這種方式對我來說比較困難，但是，當我靠自己想出答案時，就會很有成就感。**」

小靜：「**同學間的互動好像增加了，大家上課的發言好像變得更踴躍了！在討論過程中，同時也可以了解同樣的題目，**但做法法與想法卻有大大的不同。這樣互相學習，成績也可以進步！」

安安：「在討論中，我發現有些問題是我沒有想到，而我不會的問題，我會仔細聆聽別人的答案去分析。不但能讓我學到如何用更簡單方便的方法來解決題目，還能讓我學習到如何發表和討論！**我真喜歡用這種方式上數學課！**」

婷婷：「**同組的同學非常熱心的幫我，後來也因為這樣，我得到很多『幫助』，複習時都還記憶猶新呢！**」

小仲：「這次月考之前，大家都是以『學習共同體』的方式討論念書，如今**很多人的分數有明顯上升，而且都是上課有積極參與討論的人有進步！**」

小予：「我認為這樣上課的好處，是同學之間已經互相分享過自己的想法，還有解答的方法，並使彼此激發出其他聯想。而我這次月考**跟以前比起來的差別，就是所有題目，我都可以真正理解**，然後確實作答。」

城城：「這次實行『學習共同體』的學習方式，讓我感覺到『成就感』，因為當自己有發言時，**不管答案是對或是錯，都可以作為討論的重點，這是很特別的地方。**」

小淇：「自從使用『學習共同體』的教學方式後，不只有我，大家都進步許多。『學習共同體』的方式，**讓許多平常不常講話的同學也開始加入討論，而且變成『學生是老師』的狀態，同學講給同學聽也可以比較了解**。我覺得我變化滿大的，因為我本來是很少講話、很少發表意見的，但現在我很喜歡和大家說我的想法，**把自己的想法說給大家聽，又能幫助大家，是件很快樂的事！**」

綺綺：「這樣上課**不但能增加大家的發言機會，也能增加大家的動腦時間**。這次的考試成績就可以大概看出『學習共同體』的收穫。」

小宇：「這學期數學課讓我學到很多，所獲得的資訊比以前還多，大家會提供不同的解決方式，說不定比自己原本的好，那不就是賺入知識嗎？」

從學生的表現與小記的回饋，我發現，學生變得比較喜歡上數學課，學會成為一個專注的聆聽者，可以互相學習彼此尊重。除了知識的增長以外，同學間的情誼也增溫了，不少同學覺得受到「幫助」很多，也有不少同學覺得能夠說給別人聽。看到孩子的轉變，是為人師者最大的喜悅，而我正沉浸與享受著這種感動。

陳欣儀 小檔案

現職：台北市國語實小六年級導師
台北市國語實小數學領域召集人

經歷：新竹縣芎林國小教師
台北市第12屆中小學行動研究國小組經驗分享類特優
台北市第13屆中小學行動研究國小組創新教學類特優

延續感動，讓學習持續進行

實行「學習共同體」一學期下來，看見學生愈來愈喜愛上課，開始懂得自己思考，解題愈來愈多元，也愈來愈懂得分享。而學生有很多的反應與回饋，更常常是我所無法預測的，但整堂課下來是滿滿的感動與喜悅！當然，有時也會有學生討論效果不如預期的時候，我總會思考，是否我的提問不夠精準，題目並不適合討論，或是問題過於簡單、難度過高？

最近學校要我們思考：「實行『學習共同體』幾個月，是否有成功的經驗可分享

陳欣儀老師實踐「學習共同體」心得

1. 座位的改變
2. 讓每一位學生都有發言的機會
3. 學生愈能彼此對話、聆聽，學習更快、更多
4. 延續感動，持續進行

給教育夥伴？」何謂「成功」？我想，終極目標應該是學生能「自主學習」。至於目前，我的初階目標是在課室裡，學生能互相學習、彼此尊重且能產生「對話」，學生喜歡上學，不從學習中逃走，而我正朝向此一目標邁進，也看到未來的曙光。

也許，我要學習的還很多，但我願意實踐將學習權交還給孩子外，更期望更多的夥伴能和我一起在「學習共同體」中成長。

台灣實踐5 高雄市溪寮國小

因遊戲點燃學習熱情——我的教學小革命

文・攝影—沈盛圳

高雄市溪寮國小沈盛圳老師因閱讀了《學習的革命》一書，受到激勵。這位從都市來到鄉下的老師，如何透過「世界和平遊戲」打造了「學習共同體」，讓孩子成為學習的主角，激發學習的熱情。

「如果在奔流河上游蓋水庫，把水儲存起來，應該足以抵抗這次的水荒！」行政院長語氣堅定的說。

「我國的工程技術應該沒有蓋水庫的能力，我們可以尋求路爾其斯北方科技大國的幫助，」外交部長思索著國際援助的可能。

「南部國家的軍力愈來愈強，我們不如趁這次全球的水荒，發動戰爭來個聲東擊西，殺他個片甲不留……」國防部長眼神發亮的發下豪語。

「（異口同聲）我們不想發動戰爭！」全國部會首長回頭看著國防部長並堅定的告訴他。

這不是國安會議，而是高雄市溪寮國小六年級下學期自然課所進行的「世界和平遊戲」。他們正在處理第一個世界危機：暖化造成全球性的水荒。再過五分鐘的國家會議後，將進行「外交時間」，請各國外交官出使他國進行外交協議。最後則召開「國際高峰會」，各國總統共同研議解決「皮斯大陸」（The Land of Peace）的世界危機。

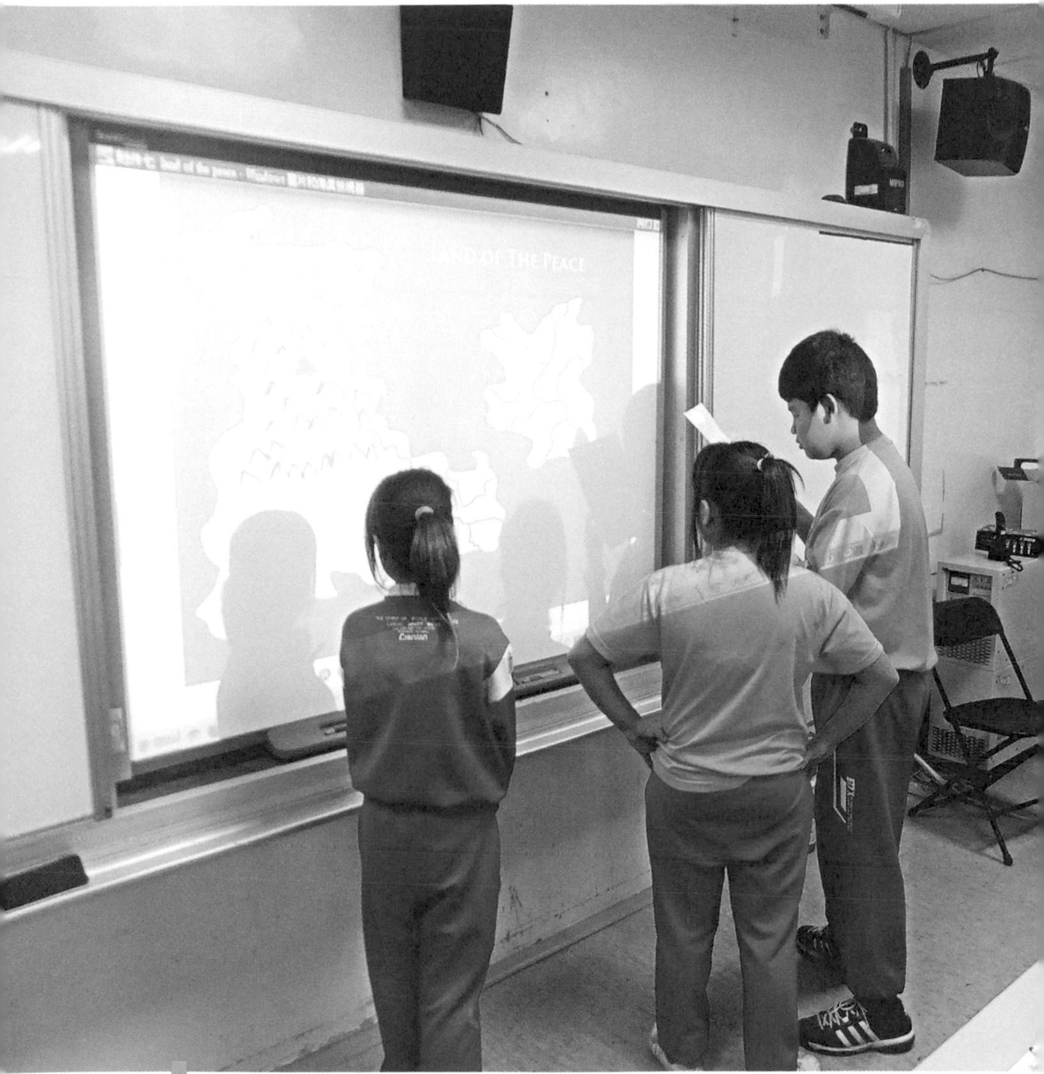

沈盛圳在教室實踐「學習共同體」，讓孩子成為學習的真正主角。

老師！上課好無聊

二〇一一年剛從北部調動回高雄，進入溪寮國小這所鄉下小學，我感受到全然不同的教學氛圍。孩子學習非常被動，可說是完全沒興趣；上課、考試、寫作業、被處罰……就是「典型」台灣小學生活的縮影。我總想盡辦法讓孩子們對「課程」能產生些興趣，或許是有趣的課外補充，或許想很多課本裡的「梗」，但在一次次的「好無聊喔！」孩子沉默或睡覺的反應，我的教學信心也一遍遍的被打擊。

某次上課，看著孩子空洞的眼神，我不禁問：「誠實告訴老師，你們是不是覺得我上課很無聊？」面對不可能出現在鄉下小學的提問，突然間，所有的眼神都回來了！

衝動的A君：「對呀！對呀！」（有必要那麼誠實嗎？）

客氣的B君：「還好啦。」（可是你的眼神告訴我是相反的答案。）

還在神遊的C君：「……（深邃渙散的眼神透露出他還在另一個國度）」（當我沒問。）

聽大家七嘴八舌的討論，我心裡也是百味雜陳。突然有個小朋友舉手說：「老師呀！不是你上得爛，其實是因為課本真的很無聊啦！」「但老師你上次自然課帶我們去櫻花樹下賞櫻就很好玩呀！」班長一提醒，馬上獲得其他同學的附和。

「老師決定了，等期中考結束，自然課來玩一個好玩的遊戲，你們覺得呢？」我興奮的說。

「什麼遊戲呀？好玩嗎？」

「有槍戰嗎？可以打怪升級嗎？」

「是線上遊戲嗎？是免費的嗎？」

孩子的好奇心突然在課堂上大爆發。下了課，一堆小朋友不死心的圍繞著我詢問。看著他們對於學習飢渴的眼神，我心裡沉睡已久的「教育魂」也興奮的顫抖著。

一場遊戲點燃學習熱情

「世界和平遊戲」一開始就必須投注相當的心力在各個國家的基本設定，不論是歷史背景、地理環境、人口、政經情勢、國際關係等，等於是「編一個故事」。開始規劃的過程，光要設計迥然不同的國家，我就參考了許多線上遊戲的設定內容，希望一開始就能吸引孩子的目光。當孩子看著投影幕上秀出的皮斯大陸世界地圖時，那一雙雙閃爍著興奮、期待的眼神，備課的所有辛苦都變得甘甜美好。

孩子分組完成，並抽籤選擇國家，再來還要為國家命名、選出總統及各部會首長、研讀國家基本資料等。一開始大部分孩子會非常興奮的不知道該怎麼做，所以老師必須從旁協助，有時候小小的建議與提醒，可以讓國家一開始的建立更有特色。老師也可以在國家建立的同時順便闡述這個世界是開放、平等、自由、理性的未來國度。

真正的重頭戲則是各國如何處理世界危機的過程。當老師發布第一個世界危機後，必須做一些危機內容的引導工作，與回答孩子們的疑問。首先是國內危機處理，請總統召開國家安全會議，各部會首長開始針對世界危機提出看法與解決之道。對於習慣是非、選擇題這些單一解答的孩子來說，光要提出並闡述自己的意見就非常困難了，更何況是根據國家內部的情勢與同學互相討論？老師、孩子的觀念如何從「傳統教學」走向「協同學習」，面對問題本身的態度是這個遊戲初始最大的「共同危機」。

但是別擔心，只要老師能建立一個和諧、開放、平等、尊重的氛圍，挑起孩子們好奇、學習的欲望，孩子就能馬上適應接下來的問題，因為「學習的熱情」本來就是孩子最基本的天賦。重要的是老師必須抱持最根本的初衷，《學習的革命》作者佐藤學說：「孩子與教材一起、與同伴一起、與老師一起進行學習，而教師也從孩子學習的態度中思考學習。」

討論的過程只要老師有適當的引導，絕對會讓你看到與平常表現截然不同的閃亮孩子。或許有衝突、口角、爭執，但孩子就是需要經過這種與自己、他人的對話中學習如何澄清自己的價值與感受別人的想法，並內化成自己新的知識。當扮演人民代表的孩子與行政院長辯論民生決策時，當好戰的國防部長蠢蠢欲動，卻被司法部長與人民代表當頭棒喝時，閃耀的學習熱情光芒會讓一旁的老師流下感動的眼淚。

體驗到改變世界的眞滋味

一開始的第一個危機，一定有許多孩子無法進入狀況，表現不如預期，但就如佐藤學教授所說：「『協同學習』需要的是每個人多元學習的互相碰撞、每位學生在平等的地位中參與學習。」只要營造平等、開放、民主的氣氛，就

沈盛圳 小檔案

現職：高雄市大寮區溪寮國小班級導師
經歷：竹縣竹北市鳳岡國小、十興國小，曾獲各類教案設計優等、資訊融入教學種子教師等；熱愛與孩子們一起學習、成長，認為改變孩子，就是改變世界。

算是危機處理不佳的國家也能很快從別國學習更多處理危機的「眉角」。

當危機結束，收回各國的危機處理單，閱讀著孩子們的處理內容，我不敢相信這是鄉下孩子撰寫的！原來學習的熱情根本不分城鄉！我打從心底佩服這群孩子的創意與投入，謝謝你們幫老師上了一堂最寶貴的「教學原理」！真該給你們一萬個讚！

「學習，並非在『一致』之下產生，而是在『差異』之中形成」，非常喜歡佐藤教授的這句話。在這遊戲中，常發生孩子互相指責的情況，我通常不太介入這樣的「學習契機」，因為孩子對彼此意見認知的差異是需要被尊重的。平等尊

沈盛圳老師實踐「學習共同體」心得

老師必須改變才能帶動這一波學習的革命，
而教室就是教學小革命的起點。

重每個孩子的意見，欣然接受遊戲世界裡的改變，才能讓協同學習的環境充滿創造力與學習的熱情。

我選擇從教室出發，決心改變學習的核心價值，挑戰傳統功利主義的教學方式，老師必須先改變才能帶動這一波學習的革命，而教室就是我教學小革命的起點。

從教室出發的改革

立志成為「充滿教學熱忱的老師」一直是我認為世界上最美好的事，因為老師是少數幾個能「真正體驗改變世界」的職業（志業）。在世界和平遊戲中，與孩子共同面對解決、學習處理世界發生的問題，我們有改變世界的熱忱，並虛心學習。即使世界不夠美好、友善，他們也能擁有柔軟堅定的心、快樂與自尊。當他們擁有樂於學習、好奇、向上的心，我相信他們一定可以將這個世界帶往更美好的未來。（本文原載於《親子天下》第三七期頁一〇四～一〇六）

國家圖書館出版品預行編目(CIP)資料

學習共同體——台灣初體驗 / 《親子天下》編輯部 策劃，沈盛圳、林文生、林秋蕙、柯華葳、陳欣儀、陳麗華、潘慧玲、簡菲莉 著
-- 第一版. -- 臺北市：天下雜誌, 2013.08
面； 公分. -- (學習與教育系列；135)
ISBN 978-986-241-721-8(平裝)

1.臺灣教育 2.教育改革

520.933 102009276

學習與教育系列 135

學習，動起來 3

學習共同體——台灣初體驗

策　　劃｜《親子天下》編輯部
作　　者｜沈盛圳、林文生、林秋蕙、柯華葳、陳欣儀、陳麗華、潘慧玲、簡菲莉

封面攝影｜黃建賓
封面設計｜王薏雯
內文美術設計｜李宜芝
責任編輯｜江美滿

發行人｜殷允芃 執行長｜何琦瑜 業務中心副總經理｜李雪麗
主編｜張淑瓊（童書）、江美滿（專案）、李佩芬（叢書）
副主編｜張文婷、黃雅妮、周彥彤、陳佳聖
編輯｜許嘉諾、蔡珮瑤、熊君君、李幼婷
助理編輯｜余佩雯 特約資深編輯｜沈奕伶
資深美術編輯｜林家蓁 版權專員｜廖培穎

出版者｜天下雜誌股份有限公司
親子天下地址｜台北市 104 建國北路一段 96 號 11 樓
親子天下電話｜（02）2509-2800 傳真｜（02）2509-2462
親子天下網址｜www.parenting.com.tw
讀者服務專線｜（02）2662-0332 傳真｜（02）2662-6048
客服信箱｜bill@cw.com.tw 週一～週五：09:00~17:30

法律顧問｜台英國際商務法律事務所．羅明通律師
電腦排版．印刷製版｜中原造像股份有限公司
裝訂廠｜政春實業有限公司
總經銷｜大和圖書有限公司 電話：（02）8990-2588

出版日期｜2013 年 8 月第一版第一次印行
2015 年 4 月第一版第四次印行
定　　價｜250 元
書　　號｜BCCE0135P
ISBN｜978-986-241-721-8（平裝）

訂購服務
天下雜誌網路書店｜www.cwbook.com.tw
親子天下網站｜www.parenting.com.tw
書香花園｜台北市建國北路二段 6 巷 11 號 電話（02）2506-1635
劃撥帳號｜01895001 天下雜誌股份有限公司

親子天下 Education · Parenting Family Lifestyle
www.parenting.com.tw